ФИЛАНТРОПИЯ
ДРЕВНИХ ЕВРЕЕВ

ФИЛАНТРОПИЯ ДРЕВНИХ ЕВРЕЕВ:
СЛОВАМИ ЗАКОНА И УСТАМИ ПРОРОКОВ

Фридрих Фурман

Нью-Йорк
2015

ISBN-13: 978-1508498469
ISBN -10: 1508498466

Printed in USA by CreateSpace, Amazon.com

На лицевой стороне обложки:

Вверху:
Иерусалим, вид с горы Скопус, фото ок. 1895 года.
Источник: https://www.flickr.com/photos/trialsanderrors/2884957719/

Внизу:
Одна из кумранских пещер у Мертвого моря в Израиле.
   В этих пещерах в 1947-56 гг. были обнаружены сотни свитков с древними библейскими и иными текстами из «библиотеки» одной из мессианских еврейских общин II-I вв. до н.э., спрятанные накануне Иудейской войны 66-70 гг. н.э.
Источник: https://www.google.com/search?q=Qumran-Dead-Sea-Scrolls-Caves

Памяти ушедших друзей

Словами Закона и устами Пророков:

«...Итак обрежьте крайнюю плоть сердца вашего и не будьте впредь жестоковыйны; ибо Господь, Бог ваш, есть Бог богов и Владыка владык, ...Который не смотрит на лица и не берет даров, Который дает суд сироте и вдове, и любит пришельца, и дает ему хлеб и одежду. Любите и вы пришельца, ибо [сами] были пришельцами в земле Египетской»

(Втор. 10:16-19).

***

«Вот пост, который Я избрал: разреши оковы неправды, развяжи узы ярма, и угнетенных отпусти на свободу...; раздели с голодным хлеб твой, и скитающихся бедных введи в дом; когда увидишь нагого, одень его, и от единокровного твоего не укрывайся... Когда ...отдашь голодному душу твою и напитаешь душу страдальца: тогда свет твой взойдет во тьме, и мрак твой [будет] как полдень...»

(Ис. 58:6-11).

Оглавление

Table of Contents

Предисловие

Очерк истории филантропии у древних евреев был написан несколько лет тому назад, когда автор, работая над книгой об американской филантропии, опубликованной в 2013 году, пытался разобраться в социальных и религиозных истоках этого социального феномена[1].

После существенного обновления и редактирования этот очерк публикуется отдельной книгой. Он представляет собой популярный обзор эволюции социальной этики и филантропической практики в древнем иудаизме и их влияния на благотворительность иудеохристиан и ранних христиан.

В книге автор, не будучи специалистом в этой издавна полной острых споров сфере, опирается на работы ее ведущих исследователей, опубликованные на английском и русском языках. Прямые ссылки на источники помещены в тексте. Полный список использованной англоязычной и русскоязычной литературы приведен в конце книги. В обоих случаях используется упрощенный «чикагский» стиль библиографического описания (CMOS).

Особое место в ряду работ, посвященных рассматриваемой сфере, занимает не так давно (2001) опубликованная книга американо-израильского социолога и историка Фрэнка Лоувенберга[2]. В этой прорывной работе проведено кропотливое исследование книг еврейской Библии и

---

[1] Фридрих Фурман, *О филантропии в Америке: от эры колоний до наших дней*, Нью-Йорк, Create Space, 2013.
См. http://www.amazon.com/On-Philanthropy-America-Colonial-Contents/dp/1492195308.

[2] Frank M. Loewenberg, *From charity to social justice: the emergence of communal institutions for the support of the poor in ancient Judaism*, Transaction Publishers, New Brunswick, NJ, 2001.

Талмуда, связанных с ними древних документов и исследовательской литературы, относящихся к данной теме. В ней также обобщены основные опубликованные до того работы по ней. На этой основе прослежена эволюция древнееврейской социальной помощи за полторы тысячи лет – от эпохи Давида и Соломона (10 век до н.э.) до «завершения» Талмуда (5 век н.э.) и ее влияние на раннехристианскую благотворительность.

Подготавливая настоящий очерк истории филантропии древних евреев, автор опирался, прежде всего, на труд Лоувенберга, а также на другие специальные работы и на общеисторические источники, в которых освещались те или иные аспекты рассматриваемой темы.

В книге предпринимается попытка рассмотреть следующие вопросы:

Какие библейские заповеди формируют социальную этику древних евреев?

Как еврейские мудрецы и пророки относились к истокам и росту неравенства, бедным и богатым?

Что такое «доля урожая» для неимущих и «десятина бедняка», спасительные для должников заповеди Субботнего и Юбилейного года?

Какими были у древних евреев трудовое право для наемных работников и контрактных рабов, здравоохранение и образование для бедных, поддержка вдов и сирот?

Когда и как библейская практика персональной помощи бедным была дополнена деятельностью общинных фондов?

Помогали ли древние евреи и их организации чужестранцам и иноверцам – как и когда?

Чем отличались библейские идеи и опыт социальной помощи от тех, что действовали в древней Греции и Риме?

Что из традиций еврейской филантропии унаследовало христианство при своем рождении по цепочке «иудеи-иудеохристиане-христиане» и в чем обе традиции расходятся?

Подобная книга просветительского характера может оказаться полезной сотрудникам и волонтерам светских и религиозных благотворительных организаций, а также студентам и преподавателям образовательных учреждений, в частности – в системе еврейского образования.

Книга может в какой-то мере представить интерес для исследователей, изучающих концепцию социальной помощи и практику филантропии в различных религиях и системах этики.

Не исключено, что книга привлечет и более широкий круг читателей.

Среди них могут быть, например, читатели, которым интересна не только история филантропии в библейскую и талмудическую эпоху, но и общие рамки и главные события этого захватывающего периода, длившегося полторы тысячи лет. Или те, что пребывают на полпути между историческим и религиозным взглядом на мир, и которым интересно знать можно ли их сочетать, находясь на стороне истории.

В книге по понятным причинам часто цитируются различные места из книг еврейской и христианской Библии и Талмуда, приведенные в использованных автором источниках. Преобладающая их часть опубликована на английском языке, причем в разное время и, вероятно, с использованием различных вариантов перевода. Поэтому в книге соответствующие цитаты на русском языке, как и названия книг Библии, приводятся в целях единообразия по их Синодальному переводу, наиболее распространенному в русскоязычной научной, художественной и публицистической литературе[3].

Ссылки на эти цитаты приводятся вслед за ними в скобках, в которых указаны номер главы, стиха и строки, а при необходимости и сокращенное название книги. В ряде случаев, в зависимости от контекста, приведены названия

---

[3] См. сайт *Библия онлайн*, русский перевод:
http://bibleonline.ru/

книг и ссылки на цитаты по еврейскому канону, как они указаны в используемых источниках. Там в тексте книги, где цитаты из этих источников пересказываются автором, они даны в его переводе.

Особенно часто упоминаемые в книге термины «благотворительность» и «филантропия» используются в большинстве случаев как взаимозаменяемые, за исключением тех мест, когда контекст требует однозначного определения. Такова практика большинства англоязычных авторов в этой сфере[4]. Ее придерживается также Ф. Лоувенберг, который в упомянутой выше работе показывают сосуществование в Древней Иудее норм и практики как индивидуальной помощи бедствующим (благотворительности), так и коллективной их поддержки со стороны общины в целом (филантропии).

Преобладающая часть датировок истории древних евреев и эволюции их филантропии, используемая в настоящей книге, принята по упомянутой выше работе Лоувенберга, а в ряде случаев – в версии авторов других использованных источников. Чтобы облегчить читателям ориентацию во времени в течении огромной исторической эпохи, охватывающей полторы тысячи лет, в конце книги приведена хронологическая таблица главных периодов и событий древнееврейской истории.

Чтобы познакомить англоязычных читателей с содержанием книги, в конце приведена ее краткая аннотация и оглавление на английском языке.

Сердечно благодарю всех коллег и друзей, членов семьи и сочувствующих – как тех, что рядом, так и тех, что вдали – великодушно поддерживавших меня в желании написать и решении издать эту нелегкую для автора работу.

---

[4] Подробно об этом см. Ф. Фурман, упом. соч., с. 79–90.
Здесь рассматривается и проблема различения таких не вполне совпадающих явлений (и понятий) как *благотворительность/филантропия* и *милосердие*, имея в виду, что поведение в первом случае может быть более «расчетливым», чем во втором.

Особая признательность моим ученым друзьям из разных стран – *Э. М. Торф, И. А. Болдыреву, Е. С. Шагалову, Г. А. Кречмеру, М. С. Каменецкому, Э. Т. Гайсинскому,* прочитавших в разное время рукопись книги и сделавших полезные замечания по ее улучшению.

Моше Навон, раввин и доктор философии из Израиля взял на себя нелегкий труд прочитать начальный вариант рукописи и дал ряд важных советов по ее структуре и источникам, за что я ему премного благодарен.

Неоценимая помощь при подготовке книги к печати пришла от профессора *Р. Г. Апресяна* (отдел этики Института философии РАН, Москва). Хочу выразить ему сердечную благодарность за внимательное прочтение рукописи, ее в целом позитивную оценку, а также за весьма ценные замечания и советы по улучшению содержания и оформления книги.

Рукопись не могла бы появится, а книга не была бы издана без исключительной поддержки моей жены *Елены Святской*, взявшей на себя также труд строгого читателя и корректора, без замечательной работы *Дмитрия и Катерины Фурман* по компьютерной верстке текста и дизайну обложки. Им в этом помогла примерным поведением и учебой, и, конечно, здравыми советами *Лиза Фурман*. Всем им моя искренняя благодарность.

Ответственным за все ошибки, неточности и упущения, обнаруженные в книге, конечно, является ее автор.

Введение

Альтруистический импульс сострадания и поддержки бедных и обездоленных в обществах с далеко зашедшим социальным неравенством, особенно ярко выразился в благотворительности древних евреев. Таково мнение авторов «Энциклопедии истории идей», изданной в Нью-Йорке в конце прошлого, двадцатого, века.

Они отмечают, что иудаизм превратил благотворительность в центральную и беспрекословную обязанность каждого верующего, идентифицировав ее со справедливостью. И что этот подход находится в заметном контрасте с необязательностью, или рекомендательным характером помощи бедным в большинстве древних религиозных и этических систем, а также с передачей ответственности за них государству в греко-римской цивилизации[5].

Столетием раньше энциклопедия «Британика» в статье о благотворительности, подготовленной лордом Чарльзом С. Локом (Charles S. Loch), известным деятелем британской филантропии конца 19-го века, отмечала, что евреи, начиная с древних времен, занесли в эту сферу, опираясь на моральную природу своего единого Бога, жар «этической лихорадки». Эта страсть к справедливости и честности – пылающее моральное и духовное усердие, пронизывающее все стороны их жизни – вышла за границы их мира и проникла в христианство и магометанство.

Эфраим Фриш (Ephraim Frish), цитируя в своем капитальном очерке истории еврейской филантропии (1924) столь примечательную оценку деятеля христианской филантропии, отмечает, что эта этическая страстность с ее заразительной теплотой, поднимает благотворительность евреев выше уровня обыденной нужды в помощи. И тем

---

[5] *The Dictionary of the History of Ideas*, ed. by Philip P. Wiener, Charles Scribner's Sons, New York, 1973–74.

самым удерживает ее от того, чтобы погрязнуть в рутине повседневности и принудительности[6]. Именно того недостатка, который ей часто ставят в упрек исследователи и практические деятели христианской благотворительности.

Между тем многие из них, как считает Фрэнк Лоувенберг, упускают или недооценивают роль иудейской традиции в формировании христианской и, следовательно, всей западной филантропии – особенно в сравнении с ее греко-римским вариантом[7]. Стремясь объяснить эту односторонность, Лоувенберг отмечает наличие большого числа работ о благотворительности и филантропии в греко-римском мире и сетует на почти полное отсутствие подобных работ, относящихся к древней Иудее и еврейской диаспоре той эпохи.

Вот, по его мнению, объективные тому причины[8].

Во-первых, раннее христианство, родившееся и развившееся, как известно, в иудейской среде, после разрыва – по инициативе апостола Павла – с иудаизмом, переключило свой интерес с еврейского на греко-римский мир идей, отказавшись от большей части идей и обычаев иудейского канона.

Во-вторых, иудаизм известен, прежде всего, как религия, базирующаяся на священных текстах Библии (Танаха), прежде всего – Пятикнижия (Торы), в которых записаны главные заповеди, относящиеся к еврейской благотворительности, ее нормам и учреждениям. Многие ученые, включая исследователей общей истории филантропии, безосновательно полагают, что за более чем тысячелетие после создания древнейших текстов Торы и вплоть до возникновения христианства в 1 веке н.э., в этих текстах, их толковании и применении не произошло никаких изменений, что весьма далеко от истины. Поэтому в их работах, как правило, цитируются лишь библейские заповеди относительно помощи бедным, вдовам и сиротам,

---

[6] Ephraim Frish, *An historical survey of Jewish Philanthropy*, New York, 1924, p. 81.

[7] Loewenberg, упом. соч, pp. 15−18.

[8] Loewenberg, упом. соч., p.12−5.

но не приводится информация о том, как существенно изменилась, отвечая на драматические перемены в истории еврейского народа, концепция и практика его социальной помощи в последующие века.

В-третьих, послебиблейские иудейские первоисточники, особенно литература, создававшаяся в талмудическую эпоху (1-4 вв. н.э.), оказались недоступными для большинства исследователей, не являющихся специалистами в этой сложной и весьма специфичной области. Хотя сами специалисты по Талмуду пишут о ненадежности его книг как исторических источников (его авторы были заняты, главным образом, вопросами религии, права и ритуала), они являются единственным и весьма ценным источником эволюции еврейской благотворительности в христианскую эпоху, требующим, однако, умелого использования[9].

Стоит также указать, замечает Лоувенберг, что для большинства социальных работников, особенно в англоязычных странах, история западной филантропии начинается с Закона о бедных Елизаветы I (1601 г.), хотя эти акты лишь кодифицировали существующую практику или слегка изменили уже ранее – в течение многих веков – действовавшее законодательство. Немногие из этих специалистов, не говоря уже о широкой публике, информированы о том, что уже ранняя христианская церковь (с I века н.э.) систематически и по-другому, чем греки и римляне, занималась поддержкой бедных и обездоленных. И лишь некоторые имеют представление о том, что происходило в сфере социальной помощи и благотворительности в древней Иудее и еврейской диаспоре до возникновения христианства.

Между тем бедность, как известно, сопровождает человечество с древнейших времен вплоть до наших дней. Она имеет место и в странах постиндустриального общества, которое также не в состоянии полностью с ней справиться и которое, в дополнение к обширным социальным программам, по-прежнему нуждается в развитых благотворительности и филантропии.

---

[9] Loewenberg, упом. соч, с. 83–85.

Тем более в них нуждались древние общества, особенно еврейское, учитывая его драматическую судьбу на протяжении тысячелетий. Еврейская община, ее лидеры и мудрецы, неизбежно должны были, опираясь на библейские заповеди, выработать и развить определенные нормы и законы о поддержке бедных и обездоленных, создавать и обновлять структуры и организации, осуществляющие эту поддержку.

Поэтому, заключает Лоувенберг, богатый опыт меняющейся еврейской благотворительности в талмудическую эпоху, начавшуюся в I в. н.э., когда шло становление христианской благотворительности, наверняка использовался последней, и эта тема заслуживает специального исследования[10].

***

Свой вклад в разделение христианской и иудейской концепций и практики благотворительности вносят также исследователи и практические деятели с еврейской стороны, стремясь подчеркнуть особую роль иудаизма и его священных книг в длительной и сложной эволюции еврейской традиции поддержки бедных и всей общины.

Их задача сейчас, как и в прошедшие века, заключается в том, чтобы отстоять независимость еврейской общины, сохранить внутренние ресурсы ее благотворительности и доноров от неубывающей угрозы их ассимиляции в господствующем христианском обществе.

О различии двух подходов к социальной помощи настойчиво пишут и говорят проповедники, комментаторы и популяризаторы еврейской Библии, когда они убеждают своих еврейских читателей и слушателей жертвовать для неимущих и всей общины. Но – по еврейскому, а не христианскому обычаю.

Детальные разъяснения принципиальных отличий двух концепций благотворительности предлагаются, например, в работах таких известных исследователей социальной этики иудаизма как Ноам Цион (Noam Zion),

---

[10] Loewenberg, упом. соч., p. 11–17.

Джозеф Телушкин (Joseph Telushkin), Джил Джэкобс (Jill Jacobs)[11].

Д. Джэкобс в книге «Не должно быть бедных среди нас: продвигая социальную справедливость через еврейский закон и традиции» (2009) отмечает, что противопоставление еврейского понятия tzedakah (цдаки) и христианской концепции charity (любви-милосердия) издавна имеет широкое распространение. Если последний термин, происходя из латинского caritas, означает пожертвование, сделанное исходя из сочувствия-сострадания, то согласно первому человек жертвует, основываясь на праведности-справедливости. Если в случае charity руководящим мотивом пожертвования является душевный порыв милосердия, диктуемый христианской верой, то в случае tzedakah даритель, проявляя заботу о ближнем и общине, исполняет долг-обязанность, установленную еврейским Законом.

Ноам Цион, проводя в своей монументальной трехтомной монографии сравнительный анализ иудейской концепции благотворительности с древних времен до наших дней, уделил особое внимание ее отличию от христианского канона. Характерно название главы, специально посвященной этой теме: «Милосердие Павла против цдаки Маймонида: доброжелательный жертвователь или послушный долгу донор?» В ней Цион сопоставляет два подхода к благотворительности как они сформулированы у апостола Павла в его «Послании к Галатам» (1 век н.э.) и у еврейского философа и законоучителя Маймонида (1135-1204) в его капитальном кодексе еврейского права «Мишне Тора» (Повторение Закона)[12].

---

[11] Noam Zion, *Jewish Giving in Comparative Perspectives: History and Story, Law and Theology, Anthropology and Psychology*, in 3 volumes, Zion Holiday Publications, 2013.

Rabbi Joseph Telushkin, A Code of Jewish Ethics, v.2 – «*Love your neighbor as yourself*», Random House, 2009.

Rabbi Jill Jacobs, *There Shall Be No Needy: Pursuing Social Justice Through Jewish Law & Tradition*, Jewish Lights, 2009.

[12] Noam Zion, см. упом. соч., volume 3, chapter 6 - *Paul's Charity versus Maimonides's Tzedakah: Loving Giver or Dutiful Donor?* http://www.haggadahsrus.com/PDF/Tzedakah.v3.ch06.pdf

И Павел, и Маймонид, хотя и с разрывом в почти тысячелетие, отмечает Цион, не только проповедовали милосердие и цдаку, но и сами занимались сбором пожертвований для нуждающихся.

Павел собирал их для членов иудеохристианской церкви Иерусалима, чья бедность была вызвана не только их преданностью Иисусу Христу, вынудившей их оставить работу и раздарить наследственную собственность, но и нуждами их миссионерской деятельности.

Маймонид, бежавший с семьей от религиозных преследований в испанской Кордове и оказавшийся в 1166 году в египетской Александрии, занял в местной еврейской общине ведущее место. Вскоре он провел здесь сбор пожертвований для выкупа еврейских пленников, попавших в 1169 году в руки крестоносцев. Возглавив затем местную общину, Маймонид был вовлечен во все дела тогдашнего еврейского фандрайзинга. Поскольку, собирая обычные, требуемые мусульманскими правителями Египта налоги, он по необходимости занимался также всеми делами цдаки – иудейского «благотворительного налога».

Однако религиозные идеалы и мотивация их благотворительности, утверждает Н. Цион, весьма различались.

Если проповедь Павла об агапе, или любви-милосердии требует самопожертвования и самоотвержения, то наставление Маймонида о цдаке и ее восьми уровнях касается защиты личности – самосохранение благоразумного жертвователя и сбережение уязвимого достоинства нуждающегося получателя при его обязательной заботе о самом себе[13].

---

[13] Все установления иудаизма о благотворительности были кодифицированы Маймонидом в «Мишне Тора» в специальном разделе «Галахические постановления о дарах беднякам» (Мишне Тора 10:7-15).

Начинаются они так: «Существует восемь ступеней благотворительности, одна выше другой. Самая высокая ступень – это когда человек поддерживает еврея-бедняка тем, что дарит или дает ему взаймы сумму денег, или вступает в деловое партнерство с ним, или находит для него работу, чтобы укрепить его и, чтобы, таким образом, он более не нуждался бы в посторонней помощи». Самая низкая ступень выражена здесь так: «Давать нехотя, с плохим выражением лица; это все же является выполнением заповеди цдаки». Обо

Для Павла важно, чтобы даритель не жертвовал из тщеславия и не думал, что этот поступок искупит его грехи перед Богом, тогда как Маймонид требует, чтобы даритель, в первую очередь, позаботился о достоинстве получателя, продуманно выбирая способ пожертвования. В обоих случаях доброжелательные поступки дарителя могут привести к греху – греху своей гордости и греху уязвления гордости другого.

Для Павла – проблема в еврейском Законе, который, как он считает, препятствует истинной благотворительности и который он предложил заменить верой в пожертвовавшего собой ради всех Христа-Спасителя.

Для Маймонида – именно Закон, установленный единым Богом и соблюдаемый его приверженцами, является для нее основой.

Еврейский подход, имея свои причины, также приводит к односторонности, вызванной тем, что не принимает во внимание общие истоки обеих концепций. Истоки эти, между тем, кроются не только в иудейском Пятикнижии и книгах Пророков, но и во многовековой эволюции опыта и учреждений древней еврейской филантропии.

Как бы ни расходились в стороны теологические толкования *агапы* и *цдаки*, они по-разному интерпретируют и применяют сходные по духу, хотя и различные по толкованию, библейские заповеди. Одна из них стала Золотым правилом нравственности как в иудаизме (к примеру: *Возлюби ближнего твоего, как самого себя* - Лев. 19:18), так и в христианстве (к примеру: *И как хотите, чтобы с вами поступали люди, так и вы поступайте с ними* - Лук. 6:31).

Чтобы понять, как и в чем, когда и почему случилось это расхождение, до сих пор сказывающееся в деятельности христианских и еврейских, светских и религиозных организаций филантропии, необходимо рассмотреть, хотя бы в общих чертах, библейскую концепцию еврей-

---

всех ступенях еврейской благотворительности по Маймониду – на сайте http://www.rambaminrussian.org/default.htm

ской благотворительности, а затем, более детально, условия и практику ее применения в сравнении с ее греко-римским и христианским вариантом. Это позволит лучше выяснить, в чем состоял подлинный вклад иудаизма в концепцию не только христианской благотворительности, но и всей западной светской филантропии.

Без этого будет также труднее понять, почему ее историки нередко пишут об иудео-христианской – в отличие греко-римской – традиции филантропии. Но не разделяя их стеной, а отыскивая точки их неизбежного пересечения в течение первых веков христианства на огромных просторах греко-римского мира.

1. Библейская концепция «творения блага»

Смысл библейской концепции благотворительности, размах и глубину ее проникновения в повседневную жизнь древних евреев невозможно представить себе, если не принять во внимание, что иудейская Библия, прежде всего, Пятикнижие (Тора) были в течение многих столетий настоящим сводом заповедей-законов, регулирующих эту жизнь.

Вот как об этом говорит Геза Вермеш (Geza Vermes), известный исследователь истории иудаизма и происхождения христианства[14]. Закон Моисея не ограничивается лишь подробностями религиозного ритуала, он охватывает полностью всю сферу еврейской жизни. Он устанавливает правила занятий сельским хозяйством и торговлей, владения движимым и недвижимым имуществом. Закон этот занимается супружескими отношениями и их финансовыми последствиями, а также компенсациями за материальный ущерб пострадавшему, включая телесные повреждения, нанесенные человеку другим человеком или принадлежащим ему скотом. Тора содержит правовые нормы насчет воровства, изнасилования, убийства и других гражданских и уголовных дел, относящихся к компетенции судей и органов правосудия.

Короче говоря, заключает Г. Вермеш, большая часть Моисеева Закона представляет собой хартию, точнее – устав цивилизованной жизни иудейского народа. И конечно же, тех ее сторон, что связаны с поддержкой бедных

---

[14] Geza Vermes, *The Religion of Jesus the Jew*, Fortress Press, Minneapolis, 1993, pp.11–12.

и обездоленных и нужд всей общины, то есть благотворительности и филантропии, – добавим мы.

Помимо регулирования этих секторов социальной жизни, которые сегодня называют, по большей части, гражданскими, или светскими, (а древние евреи, как и другие народы античности считали, что и они Божественного происхождения), Тора занимается и чисто религиозными, ритуальными делами, которым в ней по необходимости уделено достойное, но не решающее место.

Исследуя библейскую традицию социального служения и ее роль в развитии западной цивилизации, известный американский социолог и еврейский общинный деятель Морис Карп (Maurice J. Karpf) пишет, что в книгах Библии (ее самые древние книги относят к 13−12 вв. до н.э., а самые последние – к 3−2 вв. до н.э.) рассеяно множество – и нередко повторяющих друг друга – заповедей, требований, советов и рекомендаций, относящихся к благотворительному поведению древних иудеев.

Казалось бы, без группировки нелегко выявить их последовательность и взаимосвязь, также, как и место в иудейской концепции и практике благотворительности. На самом деле, утверждает М. Карп, библейское социальное поучение, прежде всего о помощи бедным, можно свести к следующему, как будто простому, логическому рассуждению[15].

Бог есть создатель всего Сущего, следовательно, все богатство мира пришло от Него; Бог есть Отец всех людей, значит, все люди – братья; таким образом, все люди имеют право на долю земного богатства и, следовательно, богатые обязаны делиться своим богатством с бедными.

---

[15] Maurice J. Karpf, *Jewish Social Service and its Impact upon Western Civilization*. В кн. The Hebrew Impact on Western Civilization, New York, 1951, pp.139-162.

Раз так, бедные находятся под особой защитой Бога: доброжелательное и заботливое к ним отношение вознаграждается, а пренебрежение их нуждами наказывается. Поэтому тот является идеальным и угодным Богу человеком, который, кроме прочих добродетелей, являет собой также пример сочувствия и помощи своему ближнему.

Поскольку на этот, лишь кажущийся простым, силлогизм опирается здание всей иудейской, а впоследствии и христианской благотворительности, следует, продолжает М. Карп, рассмотреть более детально то, как в библейской литературе представлены ее главные «конструкции-идеи».

***

Идея о том, что Бог – Создатель всего в этом мире появляется, как известно, уже в первом стихе книги Бытия: «В начале сотворил Бог небо и землю» (1:1). Как Творец всего сущего, Бог, разумеется, есть и его *Владелец,* и потому имеет право по Своему усмотрению распоряжаться всеми земными благами.

Эти блага переданы людям в пользование лишь по Божьему милосердию и временно, о чем говорится в книге Левит: «Землю не должно продавать навсегда, ибо Моя земля: вы пришельцы и поселенцы у Меня» (25:23).

Еще яснее о том же сказано в 1-й книге Паралипоменон (книга Хроник): «...Ты превыше всего, как Владычествующий. И богатство, и слава от лица Твоего, и Ты владычествуешь над всем, и в руке Твоей сила и могущество, и во власти Твоей возвеличить и укрепить все» (29:11-12).

А вот как разъясняет своим слушателям идею Бога-Владетеля в 1-й книге Царств пророк Самуил, живший в конце 11 в. до н.э.: «Господь делает нищим и обогащает, унижает и возвышает. Из праха подъемлет Он бедного, из брения возвышает нищего, посаждая с вельможами, и престол славы дает им в наследие; ибо у Господа основания земли, и Он утвердил на них вселенную» (2:7-8).

***

Идея о том, что Бог есть Отец всех людей и что поэтому все люди – братья, проведена в Библии многократно.

Вот как во Второзаконии: «Вы сыны Господа Бога вашего» (14:1). Чуть иначе в книге Притч: «Богатый и бедный встречаются друг с другом: того и другого создал Господь» (22:2). Когда пророк Малахия обличает пороки своего времени (6-5 вв. до н.э.), он гневно вопрошает: «Не один ли у всех нас Отец? Не один ли Бог сотворил нас? Почему же мы вероломно поступаем друг против друга, нарушая тем завет отцов наших?» (2:10).

Вопросы к Богу отчаявшегося Иова напоминают об установленных Богом требованиях гуманности и справедливости в отношениях между людьми: «Если я пренебрегал правами слуги и служанки моей, когда они имели спор со мною, то что стал бы я делать, когда бы Бог восстал? И когда бы Он взглянул на меня, что мог бы я отвечать Ему? Не Он ли, Который создал меня во чреве, создал и его и равно образовал нас в утробе?» (Иов 31:13-15).

***

Мысль о том, что Бог – Отец всех людей и что все люди – братья, отражена в Библии многократным использованием слова «брат» *не только как ближнего родственника, но и как любого члена всей общины*. Вот что об этом говорится в книге Левит: «Если брат твой обеднеет и продаст от владения своего, то придет близкий его родственник и выкупит проданное братом его» (25:25).

И вновь там же: «Когда обеднеет у тебя брат твой и продан будет тебе, то не налагай на него работы рабской: он должен быть у тебя как наемник, как поселенец; до юбилейного года пусть работает у тебя, а [тогда] пусть отойдет он от тебя, сам и дети его с ним, и возвратится в племя свое, и вступит опять во владение отцов своих» (25:39-41).

О том же во Второзаконии: «Если же будет у тебя нищий кто-либо из братьев твоих, в одном из жилищ твоих, на земле твоей, которую Господь, Бог твой, дает тебе, то не ожесточи сердца твоего и не сожми руки твоей пред нищим братом твоим» (15: 7).

***

Если верно все, о чем сказано выше, следовало бы ожидать в Библии и заключения о том, что *все люди, но особенно – бедные, имеют право на долю в земных богатствах. Отсюда, у богатых, по справедливости Бога, возникает обязанность делиться с бедными, вдовами, сиротами и* – обратим особое внимание – *с пришельцами, странниками, чужестранцами.*

По той же высшей справедливости богатые будут за это Богом вознаграждены. Не только в отношениях между людьми, но и в отношениях Бога и человека требуется поощрение, стимул, дар. В Пятикнижии и книгах Пророков рассеяно много утверждений на эту тему. Вот лишь два из них.

Из книги Исход: «Шесть лет засевай землю твою и собирай произведения ее, а в седьмой оставляй ее в покое, чтобы питались убогие из твоего народа, а остатками после них питались звери полевые; так же поступай с виноградником твоим и с маслиною твоею» (15:10-11).

Из книги Левит: «Когда будете жать жатву на земле вашей, не дожинай до края поля твоего, и оставшегося от жатвы твоей не подбирай, и виноградника твоего не обирай дочиста, и попавших ягод в винограднике не подбирай; оставь это бедному и пришельцу» (19:9-10).

Особенно богато на заповеди о бедных, вдовах, сиротах и странниках Второзаконие. Вот одна из самых знаменитых: «Если же будет у тебя нищий кто-либо из братьев твоих... открой ему руку твою и дай ему взаймы, смотря по его нужде, в чем он нуждается; ...и когда будешь давать ему, не должно скорбеть сердце твое, ибо за то благословит тебя Господь, Бог твой, во всех делах твоих...; ибо нищие всегда будут среди земли [твоей]; потому я и повелеваю тебе: отверзай руку твою брату твоему, бедному твоему и нищему твоему на земле твоей» (15:7-11).

Здесь, во-первых, устанавливается обязанность «одалживать» – в смысле безвозмездной помощи, ибо в седьмой год все долги могут быть отменены. Во-вторых, размер помощи должен быть достаточным – «по нужде его».

В-третьих, должна торжествовать справедливость: бедным – помощь по их нужде, богатым – вознаграждение за щедрость в виде Божьего благословения «во всех делах»[16]. И все это заповедано потому, что «... нищие всегда будут среди земли [твоей]».

Итак, задолго до нашей эры бедность у иудеев признавалась неустранимой частью не только их социального устройства, но и всего Божьего мира, отчего и требовались столь строгие и детальные заповеди о том, как не только поддерживать бедных, вообще – обделенных судьбой, но и как их поднять из бедности и несчастья.

***

О том, каков исток *обязательности* всех заповедей Бога, включая и заповеди иудейской благотворительности, и о том какова практика их исполнения, во Второзаконии – прощальном завете Моисея народу от имени Бога – сказано так:

«...вывел нас Господь из Египта рукою сильною и мышцею простертою, великим ужасом, знамениями и чудесами, и привел нас на место сие, и дал нам землю сию, землю, в которой течет молоко и мед... В день сей Господь Бог твой завещевает тебе исполнять постановления сии и законы: соблюдай и исполняй их от всего сердца твоего и от всей души твоей. ...и Господь обещал тебе ныне, что ты будешь собственным Его народом, как Он говорил тебе, если ты будешь хранить все заповеди Его, и что Он поставит тебя выше всех народов, которых Он сотворил, в чести, славе и великолепии, что ты будешь святым народом у Господа Бога твоего, как Он говорил» (26:8-9, 18-19).

---

[16] Как видим, и у древних евреев благотворительность складывается на основе своеобразного «взаимообмена дарами» между Богом и людьми. Завет между иудейским Богом и избранным народом и является по сути таким ритуальным «взаимообменом», выявленным в религиозно-этической практике почти всех древних племен на планете и сформулированным французским социологом Марселем Моссом (Marcel Mauss) в его знаменитой книге «Очерк о даре. Форма и основание обмена в архаических обществах (1925).

Во Второзаконии говорится и о том, как следует исполнять те из заповедей, что относятся к нуждающимся: «...Когда ты отделишь все десятины произведений [земли] твоей в третий год, год десятин, и отдашь левиту, пришельцу, сироте и вдове, чтоб они ели в жилищах твоих и насыщались, тогда скажи пред Господом Богом твоим: я отобрал от дома [моего] святыню и отдал ее левиту, пришельцу, сироте и вдове, по всем повелениям Твоим, которые Ты заповедал мне...» (26:12-15).

***

Все приведенные выше отрывки из Библии ясно демонстрируют идею о том, что Бог – покровитель бедных, вдов, сирот и пришельцев.

Но в ее книгах существует немало свидетельств и того, *как Бог их защищает.*

Вот пример из книги Исхода: «Пришельца не притесняй и не угнетай его, ибо вы сами были пришельцами в земле Египетской. Ни вдовы, ни сироты не притесняйте; если же ты притеснишь их, то, когда они возопиют ко Мне, Я услышу вопль их, и воспламенится гнев Мой, и убью вас мечом, и будут жены ваши вдовами, и дети ваши сиротами. Если дашь деньги взаймы бедному из народа Моего, то не притесняй его и не налагай на него роста. Если возьмешь в залог одежду ближнего твоего, до захождения солнца возврати ее, ибо она есть единственный покров у него, она — одеяние тела его: в чем будет он спать? итак, когда он возопиет ко Мне, Я услышу, ибо Я милосерд» (27:21-27).

И еще более красноречивый пример из Второзакония: «...Итак обрежьте крайнюю плоть сердца вашего и не будьте впредь жестоковыйны; ибо Господь, Бог ваш, есть Бог богов и Владыка владык, Бог великий, сильный и страшный, Который не смотрит на лица и не берет даров, Который дает суд сироте и вдове, и любит пришельца, и дает ему хлеб и одежду. Любите и вы пришельца, ибо [сами] были пришельцами в земле Египетской» (10:16-19).

Казалось бы, сделаны все распоряжения, произнесены все угрозы, названы все наказания и поощрения, но нет — еще не все. И в других главах Второзакония, как, впрочем, и в других книгах Библии, Бог устами своих священников, мудрецов и пророков не устает напоминать, увещевать и грозить тем, кто не исполняет или скверно исполняет заповеди благотворительности.

Например, вот так: «Если ты ближнему твоему дашь что-нибудь взаймы, то не ходи к нему в дом, чтобы взять у него залог, постой на улице, а тот, которому ты дал взаймы, вынесет тебе залог свой на улицу; если же он будет человек бедный, то ты не ложись спать, имея залог его: возврати ему залог при захождении солнца, чтоб он лег спать в одежде своей и благословил тебя, — и тебе поставится [сие] в праведность пред Господом Богом твоим. Не обижай наемника, бедного и нищего, из братьев твоих или из пришельцев твоих, которые в земле твоей, в жилищах твоих; в тот же день отдай плату его, чтобы солнце не зашло прежде того, ибо он беден, и ждет ее душа его; чтоб он не возопил на тебя к Господу, и не было на тебе греха» (25:10-15).

***

Раз были нужны многократные усилия по «пропаганде» заповедей благотворительности, *значит, не все было в порядке с ее древними «донорами», и следовало взяться за их воспитание.*

Особенно усердно этим занимались иудейские пророки.

Исаия (жил на рубеже 8 и 7 веков до н.э.) — один из самых страстных обличителей человеческих пороков и возвышенных воспитателей благонравного поведения — перечисляет от имени Бога награды и милости, ожидающие праведного, и не только лишь в благотворительности, человека: «Вот пост, который Я избрал: разреши оковы неправды, развяжи узы ярма, и угнетенных отпусти на свободу, и расторгни всякое ярмо; раздели с голодным хлеб твой, и скитающихся бедных введи в дом; когда увидишь нагого, одень его, и от единокровного твоего не укрывайся. Когда ты удалишь из среды твоей ярмо, перестанешь поднимать перст и говорить оскорбительное, и отдашь голодному душу твою и напитаешь душу страдальца: тогда свет твой взойдет во тьме, и мрак твой [будет] как полдень...» (58:6-12).

Примерно в том же духе, хотя и не столь возвышенно, проповедует пророк Иезекииль (жил в начале 6 века до н.э.): «Если кто праведен и творит суд и правду, на горах жертвенного не ест и к идолам дома Израилева не обращает глаз своих, жены ближнего своего не оскверняет и к своей жене во время очищения нечистот ее не приближается, никого не притесняет, должнику возвращает залог его, хищения не производит, хлеб свой дает голодному и нагого покрывает одеждою, в рост не отдает и лихвы не берет, от неправды удерживает руку свою, суд человеку с человеком производит правильный, поступает по заповедям Моим и соблюдает постановления Мои искренно: то он праведник, он непременно будет жив, говорит Господь Бог» (18:5-9).

Как видим, пророк относит заботу о бедных к числу главнейших этических добродетелей и житейских правил. О том же кратко, но весьма выразительно сказано в книге Притчей Соломоновых: «Благотворящий бедному дает взаймы Господу, и Он воздаст ему за благодеяние его...»; или так: «Радость человеку — благотворительность его, и бедный человек лучше, нежели лживый» (19:17, 22).

***

Если благожелательность к бедным – особая добродетель и объект поощрения, то и пренебрежение их нуждами – исключительный грех, заслуживающий Божьей кары. О культивировании этой добродетели наказанием многое уже было сказано выше.

Но Библия словами Бога, вложенными в уста пророков, повторяет это раз за разом.

Иезекииль среди грехов жителей Содома, заслуживших ужасной Божьей кары, называет пренебрежение бедными: «...Вот в чем было беззаконие Содомы, сестры твоей и дочерей ее (*пророк обращается к Иерусалиму,*

*называя другие города Иудеи «сестрами и дочерьми» —
Ф.Ф.*): в гордости, пресыщении и праздности, и она руки
бедного и нищего не поддерживала. И возгордились они,
и делали мерзости пред лицем Моим, и, увидев это, Я от-
верг их». (16:49-50).

А вот что говорится в Псалтири (Псалмах) о наказании
обидчиков бедных и нищих: «Нечестивые обнажают меч
и натягивают лук свой, чтобы низложить бедного и нищего, чтобы пронзить [идущих] прямым путем: меч их
войдет в их же сердце, и луки их сокрушатся. Малое у праведника — лучше богатства многих нечестивых, ибо
мышцы нечестивых сокрушатся, а праведников подкреп-
ляет Господь» (37:14-16).

Но наиболее полный список Божьих кар за пренебрежение нуждами бедных дан в книге Иова (написана не ранее 5 в. до н.э.).

В ней один из трех друзей Иова, сочувствующих, казалось бы, незаслуженным им Божьим карам, красноречиво
перечисляет целую серию ужасающих наказаний угнета-
телей бедных, включая самого Иова:

«Если сладко во рту его зло, и он таит его под языком
своим, бережет и не бросает его, а держит его в устах своих,
то эта пища его в утробе его превратится в желчь аспидов
внутри его. Имение, которое он глотал, изблюет: Бог исторгнет его из чрева его. Змеиный яд он сосет; умертвит
его язык ехидны. Не видать ему ручьев, рек, текущих ме-
дом и молоком!

...Ибо он угнетал, отсылал бедных; захватывал домы,
которых не строил; не знал сытости во чреве своем и в
жадности своей не щадил ничего. Ничего не спаслось от
обжорства его, зато не устоит счастье его. В полноте изоби-
лия будет тесно ему; всякая рука обиженного поднимется
на него.

...Небо откроет беззаконие его, и земля восстанет против него. Исчезнет стяжание дома его; все расплывется в
день гнева Его. Вот удел человеку беззаконному от Бога и
наследие, определенное ему Вседержителем!» (20:12-19,
27-29).

Второй друг Иова столь же возвышенно, как ранее пророк Исаия, обличает тех, кто вроде бы праведен, но отступает от заповеданной Богом заботы о бедных и нищих, и посему заслуживает страшной расплаты:

«Что за удовольствие Вседержителю, что ты праведен? И будет ли Ему выгода от того, что ты содержишь пути твои в непорочности? Неужели Он, боясь тебя, вступит с тобою в состязание, пойдет судиться с тобою? Верно, злоба твоя велика, и беззакониям твоим нет конца. Верно, ты брал залоги от братьев твоих ни за что и с полунагих снимал одежду. Утомленному жаждою не подавал воды напиться и голодному отказывал в хлебе; а человеку сильному ты [давал] землю, и сановитый селился на ней. Вдов ты отсылал ни с чем и сирот оставлял с пустыми руками. За то вокруг тебя петли, и возмутил тебя неожиданный ужас, или тьма, в которой ты ничего не видишь, и множество вод покрыло тебя» (22:3-11).

Но вот и сам Иов, доведенный до отчаяния несправедливостью, как ему казалось, самого Бога, протестует против угнетения бедных и слабых и спрашивает Всевышнего, почему, преследуя его, безвинного, Он терпит истинное зло в мире:

«Почему не сокрыты от Вседержителя времена, и знающие Его не видят дней Его? Межи передвигают, угоняют стада и пасут [у себя]. У сирот уводят осла, у вдовы берут в залог вола; бедных сталкивают с дороги, все униженные земли принуждены скрываться. Вот они, [как] дикие ослы в пустыне, выходят на дело свое, вставая рано на добычу; степь [дает] хлеб для них и для детей их; жнут они на поле не своем и собирают виноград у нечестивца; нагие ночуют без покрова и без одеяния на стуже; мокнут от горных дождей и, не имея убежища, жмутся к скале; отторгают от сосцов сироту и с нищего берут залог; заставляют ходить нагими, без одеяния, и голодных кормят колосьями; между стенами выжимают масло оливковое, топчут в точилах и жаждут. В городе люди стонут, и душа убиваемых вопит, и Бог не воспрещает того» (24:1-12).

Наконец, доказывая свою невиновность перед Богом и незаслуженность его кары, Иов риторически вопрошает Бога, перечисляя при этом заповеданные Им поступки милосердия:

«Отказывал ли я нуждающимся в их просьбе и томил ли глаза вдовы? Один ли я съедал кусок мой, и не ел ли от него и сирота? Ибо с детства он рос со мною, как с отцом, и от чрева матери моей я руководил [вдову]. Если я видел кого погибавшим без одежды и бедного без покрова, — не благословляли ли меня чресла его, и не был ли он согрет шерстью овец моих? Если я поднимал руку мою на сироту, когда видел помощь себе у ворот, то пусть плечо мое отпадет от спины, и рука моя пусть отломится от локтя, ибо страшно для меня наказание от Бога: пред величием Его не устоял бы я». (31:16-31).

***

Библия не только угрожает и наказывает, но и наставляет древних евреев в том, как должно относиться к бедным и обездоленным.

Кто, даже в наше циничное время, станет спорить с этими краткими и мудрыми назиданиями об отношении к бедным из книги Притчей?

«Кто теснит бедного, тот хулит Творца его; чтущий же Его благотворит нуждающемуся» (14:31).

«Кто ругается над нищим, тот хулит Творца его; кто радуется несчастью, тот не останется ненаказанным» (17:5).

«Кто обижает бедного, чтобы умножить свое богатство, и кто дает богатому, тот обеднеет» (22:16).

Кто и сейчас не согласится быть столь же почитаемым за свое милосердие и благотворительность, как в древности Иов, рассказывающий о своем благонравном поведении и искренней заботе о бедных:

«...когда я выходил к воротам города и на площади ставил седалище свое, — юноши, увидев меня, прятались, а старцы вставали и стояли; князья удерживались от речи и персты полагали на уста свои; голос знатных умолкал, и язык их прилипал к гортани их... Я был глазами слепому и ногами хромому; отцом был я для нищих и тяжбу, которой я не знал, разбирал внимательно. Сокрушал я беззаконному челюсти и из зубов его исторгал похищенное» (29:7-8,16-17).

***

Концепция благотворительного поведения столь красноречиво и возвышенно представленная в приведенных выше текстах иудейского «Закона и Пророков», в большой мере вошла, как мы увидим далее, в христианскую традицию благотворительности и во многом сохранилась в современной западной филантропии.

2. Эволюция неравенства и бедности в древней Иудее

В библейской Иудее, как и во всех древних обществах, всегда были бедные люди, но лишь с течением времени бедность становится для нее социальной проблемой. До появления в 13 веке до н.э. еврейских племен в Ханаане бедность никому не бросалась в глаза, ибо, пребывая на грани выживания, бедны были почти все. Это вынуждало иметь для обширных семейств общую собственность и почти равное потребление.

Однако между приходом 12 израильских племен в Ханаан и концом эпохи Талмуда, а это примерно 17 столетий (1250 год до н.э. – 450 год н.э.), произошли столь значительные, зачастую решающие, экономические и социальные изменения, что они полностью изменили характер иудейского общества.

Вот те из них, что оказали, по мнению Лоувенберга, наиболее сильное влияние не только на состояние бедности и благотворительности, но и на всю сферу социальной защиты еврейского народа за этот огромный исторический период:

- в его начале главным источником существования было сельское хозяйство, позднее его в этой роли сменили ремесло и торговля;
- на первых этапах этого периода в общине преобладало равенство, в дальнейшем ее характеризуют социальное расслоение и появление эксплуатации и угнетения;
- поначалу семья и племя были основой идентификации людей, затем стали более важными принадлежность к общине в целом и связь с местом проживания;

- в начале периода процесс принятия решений был децентрализованным – на уровне семей и племен, позднее ему на смену пришла централизованная власть – монархия и теократия, управлявшие жизнью всей общины;
- на первых порах культура народа была защищена от иностранного влияния географической изоляцией, затем она подверглась многочисленным внешним воздействиям, и сама оказала значительное влияние на культуры окружающих ее народов.

Как же эти важнейшие перемены повлияли на эволюцию бедности и неравенства в древней Иудее?

Какие реальные условия и события ее социально-экономической истории привели к тому, что именно здесь зародилась и получила развитие ее уникальная система благотворительности, унаследованная затем как христианством, так и исламом?

Или если сформулировать последний вопрос в религиозном ключе: в силу каких исторических условий именно иудеи оказались способны воспринять и истово исполнять заповеди благотворительности своего грозного и справедливого Бога?

Чтобы ответить на эти весьма непростые вопросы, следует рассмотреть эволюцию бедности и неравенства, благотворительности и филантропии в древней Иудее на различных этапах ее ранней истории[17].

Эпоха Судей и Царей

Уже не одно столетие ученые ведут бесконечный спор насчет истинности и датировки различных событий и явлений начального периода еврейской истории. Причина спора в том, что вплоть до появления монархии о них нет (или почти нет) других исторических документов или свидетельств, кроме так называемых «исторических книг»

---

[17] См. Loewenberg, упом. соч, с. 51–77.

Пятикнижия, включающих книги Самуила, Царств, Хроник, Рут и Эстер.

И все же большинство исследователей того времени согласно с тем, что, когда 12 израильских племен появились в Ханаане, у них почти не было разделения между богатыми и бедными. Жизнь в деревнях на склонах гор было весьма примитивной, временами бедной, причем почти для всех, и уединенной. Деревни эти обычно основывали не на развалинах ханаанских поселений, а на ближайших горных склонах, и состояли они из трех-четырех поселений-компаундов родственных семей с общим населением до ста человек.

Около 11 века до н.э., ко времени появления монархии, многие из этих деревень, не защищенных стенами, оставляют, чтобы переселиться в города, где жить оказалось легче и безопаснее. Именно в это время появляются сведения об имущественном расслоении между племенами – некоторые получили в уделы по жребию тощие земли и стали беднее, другие, получив плодородные земли, разбогатели, как о том сообщает книга Иисуса Навина (см. гл.15-20).

Священническому племени левитов, как известно, земли в удел вообще не полагались. Они, исполняя функции священников, изначально были в роли бедных, которым полагалось специальное содержание за счет пожертвований всех остальных. Внутри же племен разрыв между бедными и богатыми оставался незначительным, поскольку примитивный уровень сельского хозяйства позволял обеспечить всем лишь насущные нужды, не образуя излишков.

Появление социальных различий и групп крайне бедных, нередко безземельных людей обнаруживается еще до установления монархии – в эпоху Судей. Когда библейский Иеффай, как незаконнорожденный, был изгнан своими сводными братьями из отцовского поместья, он собрал вокруг себя немалое число таких же нищих изгнанников, и они стали разбойничать (Суд. 11:1-3). Вскоре, однако, его за справедливость и военную доблесть призвали в судьи. Несколько поколений спустя (конец 11-го века до н.э.) «все притесненные и все должники, и все огорченные душею присоединились к Давиду», когда он, опасаясь мести, бежал от Саула, образовав крупный отряд тогдашних маргиналов общины (I Царств 22:2).

Различия в экономике и уровне благосостояния израильских племен, расселившихся в Ханаане, а также большинство событий не только библейской, но и послебиблейской истории во многом объясняются тем, что земли этого региона расположены близко к границе засушливой зоны, подверженной длительным и частым засухам и неурожаям. При таком типе земледелия, а именно им занялись древние израильтяне, перейдя к оседлости, крестьянская семья, как прикинули историки, может выжить при трех удачных урожаях в течение четырех лет.

История библейского Иосифа и его братьев, когда засуха продолжалась семь лет кряду, является образцом тех последствий, которые наступают, когда природа грубо нарушает названный выше порог выживания (см. Бытие, гл.42-46). Те племена, чьи уделы были расположены на горных склонах в центре страны и на бесплодном юге, вынуждены были разводить овец и коз. Это занятие, хотя известное издавна, теперь, в пору оседлости, особенно в первые века монархии, стало считаться презренным. Им занимались там, где земледелие было полностью исключено, и лишь те, что считались неудачниками и ни к чему другому не пригодными.

Когда пророк Самуил пришел в Вифлеем искать замену царю Саулу и обратился к богачу Иессею, требуя – по указанию Всевышнего – выбрать и помазать нового царя среди его сыновей, Иессей постеснялся представить ему Давида, бывшего у него нищим пастухом. Сам Давид из-за своего низкого статуса поначалу отказывался внять призыву пророка, говоря о себе: «Чужим стал я для братьев моих и посторонним для сынов матери моей» (Псал. 68:9).

Социальное и имущественное расслоение особенно усилилось, когда при царях Сауле и Давиде в земледелии стали вместо ручного рыхления почвы применять

вспашку железным плугом с упряжкой мулов. Ведь по-
купка столь продвинутого для того времени «агрегата»
требовала серьезных денег, а они были на руках у немногих. Большинство земледельцев могло купить его, лишь
заняв деньги под будущий урожай, и, если он был плох,
приходилось отдать за долги часть или всю свою землю.

Неизбежным следствием становилось укрупнение зем-
левладений в руках немногих и появление сельской бедноты и безземельных работников в крупных поместьях.
Нередко долги превышали «цену» отданной за них земли,
и тогда, чтобы покрыть их полностью, приходилось отдавать себя, а нередко и своих детей, в договорное (контракт-
ное) рабство на столько-то лет, чтобы трудом рассчитаться
с заимодавцем.

Число «договорных рабов» начало резко расти именно
после установления монархии в 10-м веке до н.э. С этого
времени начинаются и другие социальные перемены, уси-
лившие разрыв между богатыми и бедными. При Сауле у
евреев впервые возникли центральная администрация,
регулярная армия и организованный сбор налогов. При
Соломоне, полстолетия спустя, появились в большом
числе царские купцы, монополизировавшие торговлю
для нужд двора, армии и знати с окрестными и дальними
странами – Египтом, Месопотамией и Аравией, а также с
Африкой и Индией. Эти торговые связи принесли огромное богатство как царю, так и его приближенным. Коли-
чество золота, поступающего в казну Соломона за один
год, составляло 666 талантов (при 1 таланте, эквивалент-
ном примерно 25 кг золота), не считая тех денег, что зарабатывали оптовые и розничные торговцы (3 Цар. 10:14-
15). При торговле такого масштаба появление купеческой
элиты и усиление имущественного неравенства было
неизбежным.

Данные археологических исследований подтверждают
переход от относительного равенства к реальному нера-
венству.

Так, в 10-м веке до н.э. все дома израильского поселения близ Шхема (теперь – г. Наблус) были примерно равного размера и расположения, свидетельствуя о сходном уровне жизни. Дома, построенные там же два столетия спустя демонстрируют поразительную разницу – у богатых дома становятся больше размером и лучше устройством, чем небольшие и убогие жилища бедных. Особняки богатых размещены в отдельной части поселения, расположенной в лучших местах и вдали от скопления домов бедных.

Хотя появление бедных не связано лишь с установлением монархии, она сильно ускорила процесс имущественного и социального расслоения. Понятие о бедных и богатых, как и они сами, вероятно, существовало задолго до эпохи Царей, но в Библии богатые впервые упоминаются лишь в книге Самуила.

Когда в 933 году до н.э., после смерти правившего 40 лет Соломона, десять израильских племен, чтобы избавиться от тяжких налогов и гнета Иерусалима, образовали Северное царство (Израиль), именно здесь блеск дворцовой жизни, роскошь царских сановников и богатство торговцев достигли новых высот.

В то же время Иерусалим, оставшийся столицей Южного царства (Иудеи), сильно обеднел по сравнению с богатыми северными городами. Причина понятна: на севере были сосредоточены наиболее плодородные почвы, тогда как Иудея была, в основном, страной гор и полупустынь. Если Израильское царство, имея выход к Средиземному морю, сосредоточило у себя почти всю международную торговлю, то Иудея была практически лишена этого источника богатства из-за географической изоляции и враждебного окружения.

Вопреки этим важным различиям, в экономическом и социальном развитии обоих Царств было много сходного. Оба царских двора, каждый своим путем, содействовали усилению имущественного расслоения и, как следствие, формированию отчетливых групп богатых и знатных, бедных и угнетенных. Хотя крупные землевладения существовали и до периода монархии, именно при ней возникло большинство из них – благодаря царской политике дарения земель своим сторонникам за счет конфискации земель у своих врагов и завоевания новых территорий (1 Цар. 22:7).

Об этой нечестивой практике хорошо знал пророк Осия, когда он осуждал «вождей Иудиных, передвигающих межи», и пророчил падение обоих царств от иноземного владыки. Вскоре, после неоднократных вторжений Ассирии, это и случилось с первым из них. В 721 г. до н.э. Израиль, ослабленный внутренними распрями и угнетением народа, был захвачен Саргоном II, уведшим в плен десять израильских племен, проживавших на его территории.

Нравственное разложение Северного царства обличает и пророк Амос. Состоятельные люди занимались ростовщичеством и взыскивали долги с особой жестокостью, не останавливаясь перед продажею должников и их детей в рабство. Вот почему в голодные годы израильские рабы переполняли рынки тогдашнего мира. Правды в суде не было, ибо судьями были сами притеснители, или взяточники. На защиту подавленного народа восставали лишь пророки, но их речи имели только моральное значение и часто даже не доходили до ушей правителей и знати. Бесконечные конфискации земель сторонников и противников часто сменяющих друг друга царских династий и непомерные налоги были одной из главных причин недовольства, а то и ненависти к существующему социальному порядку.

За примерно 200 лет его существования (931-721 гг. до н.э.) правило 10 царских династий, и все, кроме двух, сменились после правления лишь одного или двух царей. Подобная политическая нестабильность была разрушительной для экономики страны и явилась, наряду с усилением эксплуатации и налогового гнета, одной из главных причин резкого усиления бедности и увеличения числа бедняков. Среди бедняков было особенно много мелких землевладельцев, вынужденных продавать или отдавать свои участки для покрытия долгов и высоких (нередко удваивавших долг) процентов на займы.

Вот как виновников этого бедствия обличали пророки. Исаия твердил в гневе: «Горе вам, прибавляющие дом к дому, присоединяющие поле к полю, так что [другим] не остается места, как будто вы одни поселены на земле» (Ис. 5:8). Михей же скорбно констатировал: «Пожелают полей и берут их силою, домов, – и отнимают их; обирают человека и его дом, мужа и его наследие» (Мих. 2:1-2).

Когда в 6 в. до нашей эры вавилоняне и их союзники завоевали Южное царство – Иудею, они разрушили не только Храм и весь Иерусалим, но и другие города. В плен были угнаны все богатые и зажиточные люди, ремесленники и мастера, короче – вся элита той эпохи, включая священников. Остаться позволено было лишь беднейшим крестьянам, призванным поддерживать земледелие в покоренной Иудее для нужд Вавилонии. Опираясь на свидетельства Библии, историки предполагают, что в этих целях завоеватели провели здесь перераспределение земли, домов и имущества, разрешив таким грубым способом социальное расслоение той эпохи (4 Цар. 24:14, 25:12; Иер.40:7,10).

Эпоха Второго Храма

Восстановленная после возвращения из вавилонского плена (6-5 вв. до н.э.) еврейская община занимала теперь значительно меньшую территорию и имела намного меньшую численность, чем прежнее царство Иудея. Теперь это была одна из самых маленьких провинций огромной Персидской империи с территорией, составляющей лишь 10% площади современного Израиля. Такой она оставалась и в следующие 4 столетия – от персидского царя Кира до воцарения в Иудее еврейской династии Хасмонеев. Элиас Бикерман (Elias J. Bickerman), известный историк той эпохи, описывает тогдашнюю общину Иудеи, «как небольшое племя, затерявшееся в бескрайней империи персов, народ земледельцев – на небольшом уединенном плато и чуждый прибыльных дел...»[18].

Из Вавилонии вернулось лишь менее 15% изгнанников, остальные не захотели оставить комфорт и изобилие, к которым они привыкли за почти 50 лет проживания в плодородной долине между Тигром и Ефратом. Вернувшиеся были радостно встречены в Иудее небольшим числом бедных евреев, оставленных здесь крестьянствовать, и враждебно – гораздо большим числом расселенных здесь вавилонянами «чужестранцев», боявшихся потерять занятые ими дома и земли.

В течение почти шести следующих столетий евреями Иудеи правила та или другая мировая империя, за исключением одного века, когда при Хасмонеях (Маккавеях) была восстановлена независимость страны и расширена ее территория. Иностранные правители Иудеи были, как правило, терпимы к общине, ее религии и традициям и не покушались на Храм и Иерусалим. Преследования при Антиохе IV (175-164 гг. до н.э.), вызвавшие восстание во главе с Маккавеями, были исключением из этого правила.

В остальное время иерусалимская община имела значительную автономию, независимо от того, какой здесь был губернатор – персидский, греческий, египетский или римский. Большинство внешних политических пертурбаций не оказывало серьезного воздействия на внутреннее развитие общины. Зато внешнее культурное влияние, например, со стороны эллинизма, имело, особенно в конце рассматриваемого периода, гораздо большее значение.

Хотя политическая ситуация в Иудее после вавилонского пленения резко переменилась, социальные проблемы остались практически теми же.

---

[18] Элиас Дж. Бикерман, *Евреи в эпоху эллинизма*, Москва, Мосты культуры, 2000, с. 19.

Бедность, неравенство и эксплуатация были по-прежнему распространены и имели тенденцию к усилению. В течение всего периода Второго Храма пропасть между бедными и богатыми лишь углублялась. Процесс этот ускорился с возрождением старых и появлением новых городов, где бедность, как всегда и везде, сосредоточивается и усиливается.

В книге Нехемии, пророка и назначенного персами еврейского правителя Иудеи, дана яркая картина ее повседневной жизни и проблем в 5–4 вв. до н.э., из которых он особо выделяет взаимоотношения двух основных социальных классов – богатых и бедных. Нехемия описывает как первые угнетают последних, одалживая им деньги под высокие проценты и требуя залог за них, что запрещалось заповедями Торы. Наследственные земли переходят в руки заимодавцев, оставляя многих безземельными и без средств к существованию. Из них немалое число, как и раньше, вынуждено было продавать себя или детей в рабство, особенно когда возврата долгов требовали другие кредиторы.

Первоначально и сам Нехемия был одним из них. Но увидев масштабы причиняемых этим бедствий, переменил свое поведение и провел решение, призвавшее отменить долги или смягчить их условия, а также освободить контрактных рабов, отработавших 6 лет за долги (Нех. 5:1-12). Вряд ли эта реформа, предполагавшая сохранение мелких хозяйств на наследственных землях, имела серьезные последствия. Процесс образования крупных поместий и обезземеливания большей части населения стал с течением времени необратимым.

Однако отдача за долги или продажа своей земли в древней Иудее персидского периода не обязательно сопровождались, как это было много позднее в Римской империи, образованием в массовом масштабе городского безземельного пролетариата. Многие бывшие хозяева мелких участков продолжали на них работать, как арендаторы или контрактные рабы, и нередко могли жить в своих же домах, выращивая на огородах зерно и овощи для своей семьи.

Правление Персии продолжалось более 200 лет и большая часть этого периода была мирной, что обеспечило для жителей всей империи, включая Иудею, относительное процветание.

Когда Александр Великий в 333 году до н.э. завоевал Персию, многие ожидали, что это спокойствие и стабильность сохранятся, и эти надежды оправдывались, пока он был жив. Со смертью Александра, через 10 лет после начала его правления, в огромной империи началась длительная борьба за власть его политических наследников, прежде всего, Птолемеев и Селевкидов.

Особенно острой была борьба за право владения Иудеей как стратегическим – военным, торговым и культурным – перекрестком античного мира. В течение 20 лет Иерусалим семь раз переходил из рук в руки. Каждое вторжение и многочисленные сражения противоборствующих армий приводили к новым человеческим жертвам, разрушениям и разграблениям. Экономика маленькой Иудеи была разрушена, что неизбежно привело к массовой бедности ее жителей.

В первое столетие после смерти Александра Иудеей чаще всего правили Птолемеи. Их, как и большинство античных повелителей, мало волновал порядок общинной жизни их подданных, им нужна была их покорность, безопасность границ, а, главное, получение от них вовремя разовых контрибуций и ежегодных налогов. Иерусалим должен был ежегодно платить царям из династии Птолемеев 20 талантов того времени, или более 500 кг серебра. Знатные граждане Иудеи, а позднее и ее первосвященники, назначались сборщиками налогов, часто проводившими их сбор весьма грубыми, а то и беспощадными методами. Результат был предсказуем – большинство жителей, кроме немногих самых богатых, становилось беднее, тогда как многие впадали в крайнюю бедность или нищету.

К исходу 3 века до н.э., в жизни ранее изолированной иудейской общины произошли существенные перемены –

она стала интегральной частью греческого, точнее, эллинистического мира, и прежде всего, его экономики.

Цари из династии Птолемеев активно поощряли распространение греческой торговли по всему региону Средиземноморья. Греческие торговые караваны регулярно шли из Египта в Сидон в Финикии (ныне Ливан) и в Заиорданье, пересекая Газу и Иудею. Здесь можно было повсюду встретить греческих торговцев и греческие товары. В свою очередь, иудейские товары, в особенности, вино и масло, вывозились в Египет, где их продавали с 60% царской пошлиной. По всей империи была широко распространена торговля рабами из Иудеи и, хотя их происхождение запутанно, среди них, несомненно, было много евреев.

В коммерческую деятельность втянулись и многие из жителей Иудеи. Но лишь немногим она принесла богатство, большинству же – неустойчивое благополучие, чаще всего заканчивающееся разорением. Не только сохранилась, но и получила распространение практика продажи себя за долги в договорное рабство, известная в течение столетий не только в Иудее, но и во всем регионе. Но теперь редко оставалась возможность жить на своей бывшей земле, работая на нового хозяина, как было в прошлые столетия. Появление избытка таких рабов привело к тому, что их «хозяева», вопреки заповедям Торы, стали все чаще продавать их работорговцам, а те вывозили их во все концы известного тогда мира.

Для еврейских рабов отрыв от родной почвы, семьи и религии означал особенно болезненную перемену образа жизни. Они подвергались перекрестному воздействию чужих культур и религий и, если возвращались, то нередко с потерянной еврейской идентичностью. Тяжелым испытаниям подвергалась и жизнь их семьи, которая теперь особенно нуждалась в поддержке своих соседей и всей общины.

Менялся образ жизни и евреев, остававшихся в неотвратимо эллинизировавшейся Иудее. Как показывают археологические раскопки в различных ее местностях, здешняя община испытала мощное воздействие «смеси» греческой, персидской и египетской культур, названной затем эллинизмом. Повсюду видны явные следы использования домашней утвари, одежды, рабочих инструментов, оружия и других предметов быта и культуры со всех концов средиземноморского мира.

Э. Бикерман считает, что Палестина в 5–4 вв. до н.э. принадлежала к средиземноморскому поясу эклектичной греко-египетско-финикийской цивилизации, протянувшемуся от Нила до Сицилии. Поэтому постепенное, а нередко и ускоренное (если стимулировалось культурной элитой и правителями) распространение эллинизма не могло не затронуть Иудею[19].

О том, каковы были его масштабы и роль в развитии еврейской культуры и религии, спорят многие поколения историков, замечает Лоувенберг.

Одни, как например, Алан Ф. Сегал (Alan F. Segal), полагают, что иудейская и эллинистическая цивилизации могли сосуществовать в форме симбиоза, так что даже Хасмонеи, представляемые обычно в качестве ярых борцов с эллинизмом, легко воспринимали плоды этой культуры. Другие, как, например, Фергус Миллар (Fergus Millar), твердят, что евреи Иудеи в своей массе не были затронуты этой чуждой им языческой культурой, оставаясь «не-греками» по своему составу, обычаям, религиозным обрядам и праздникам, языку и взглядам вплоть до начала 2-го в. до н.э.

Есть, наконец, радикальные историки, которые заявляют, что, если бы не восстали Маккавеи и, если бы они не завоевали вновь независимость Иудеи, она бы полностью эллинизировалась, растеряв свою религию и еврейскую идентичность. Они добавляют для обострения, что поскольку угас бы иудаизм, не возникло бы христианство и ислам, и мир до сих пор оставался бы языческим...

---

[19] Бикерман, упом. соч., с. 20–26 и 45.

Как бы то ни было, небольшая еврейская община, даже ортодоксальный Иерусалим, при всем их сопротивлении, не могли не подвергнуться за несколько столетий воздействию этой культуры. Ее особенно ярким проявлением было основание в этой издревле сельскохозяйственной стране большого числа новых городов, часть которых появилась еще при Птолемеях. Но еще больше эллинизированных — по устройству, архитектуре и образу жизни — городов появилось при Хасмонеях, последней династии иудейских царей.

В 1-м веке н. э. еврейский историк Иосиф Флавий насчитывал в Римской Иудее одиннадцать только крупных городов эллинистического типа. Их большинство было основано при поздних хасмонейских царях — Яннае (103-76 гг. до н.э.) и царице Саломее-Александре (76-67 гг. до н.э.). Прежде всего, на завоеванных ими и их предшественниками богатых и плодородных землях в Идумее, Самарии, Галилее и на приморских равнинах, где они обратили в иудаизм проживавшие здесь другие семитские племена.

Эти завоевания обеспечили крупный избыток продовольствия, получаемый на новых территориях, и это вынудило многих крестьян покинуть малопродуктивные участки в засушливых районах и переселиться в новые города. Поскольку города эти ввозили продовольствие из полностью эллинизированных регионов, воздействие эллинизма на их повседневную жизнь стало в результате этих контактов еще большим.

Урбанизация Иудеи при Хасмонеях привела к появлению ощутимой разницы между сельской и городской жизнью, и рост влияния городов в стране становился все более определяющим. Вскоре выяснилось и непредвиденное следствие урбанизованной жизни в Иудее. Города, как и повсюду, становились благоприятной средой для притока бедных, появления и расширения очагов бедности и нищеты, захватывающих целые городские районы.

Впервые широкое использование в Иудее чеканных денег (монет, выпускаемых государством) началось еще в персидский период, хотя деньги как средство обмена, в виде весового золота и серебра, были здесь известны давно, о чем имеется немало свидетельств в Пятикнижии. Греческие монеты стали использоваться в торговле еще в 6 веке до н.э.

Но лишь начиная с 4-го века, особенно при эллинских правителях, стали широко применяться разменные монеты – даже погонщики верблюдов стали регулярно ими пользоваться. За аренду все еще платили натурой – примерно одну треть урожая, но для покупки ввозимого продовольствия и уплаты налогов нужны были серебряные монеты. Чтобы получить их в долг, крестьянину приходилось нередко заложить свою землю. Многие мелкие землевладельцы, балансируя на грани выживания и не имея шансов возвратить накопившиеся долги, могли при плохом урожае ее потерять.

Урбанизация жизни и быстрое развитие денежной экономики в Иудее еще при Птолемеях привели к особенно значительному росту числа бедных, усилению социального неравенства между ними и богатыми, нарастанию напряженности и конфликтов в их отношениях.

Вот как, используя проповеднический стиль своего времени, говорит об этом иудейский мудрец Бен-Сира («Книга Премудрости Иисуса, Сына Сирахова», прим. 2-й век до н.э.): «Какой мир у гиены с собакою? И какой мир у богатого с бедным? Ловля у львов – дикие ослы в пустыне, так пастбища для богатых – бедные. Отвратительно для гордого смирение: так отвратителен для богатого бедный. Когда пошатнется богатый, он поддерживается друзьями; а когда упадет бедный, то отталкивается и друзьями» (Бен-Сир.13:22-25).

Как уже отмечалось, ухудшение жизни в Иудее началось еще в 3-м веке до н. э. из-за введенных Птолемеями высоких налогов, уже тогда казавшихся крестьянам нестерпимыми. Когда же Иудея во 2-м веке была оккупирована правителями Сирии из династии Селевкидов, население провинции было обложено еще более высокими податями. Особенно при Антиохе IV Эпифане (175–

163 гг. до н.э.), который должен был платить Риму, покорившему его царство, огромную дань.

Эти налоги легли, как обычно, наибольшим бременем на бедных, составлявших к тому времени основную долю населения. Начавшийся еще ранее процесс обезземеливания, приобрел теперь массовый характер по известной цепочке. Чтобы вовремя уплатить выросшие налоги, берется ссуда под залог земли, инвентаря, дома; когда ее не возвращают, теряется заклад и, как правило, навсегда. То, что ранее было горем для одиночных хозяев, теперь превращается в социальную проблему.

Из истории известно, что быстрый и массовый рост числа безземельных крестьян обычно заканчивается социальным взрывом. То же случилось и в Иудее. Именно эти крестьяне, потерявшие землю еще при Селевкидах, составили главную ударную силу бунтов и восстаний против римских правителей, часто вспыхивавших в Иудее в 1-м в. до н.э., а также в 1−2-м вв. нашей эры[20].

До эпохи Хасмонеев большая часть населения Иерусалима и близлежащих поселений была так или иначе вовлечена в занятия сельским хозяйством, но с растущей урбанизацией жизни ситуация круто переменилась.

Все большее число жителей, не только лишь столицы, но и других городов, становилось ремесленниками − кустарями, мастерами и подмастерьями, полностью оставляя занятия сельским хозяйством. Бен-Сира называет их людьми, которые полагаются лишь на умение своих рук. Если несколько столетий тому назад Нехемия в перечне ремесленников Иерусалима называл лишь золотых дел мастеров, то Бен-Сира во 2-м веке до н.э. добавляет к ним резчиков, кузнецов, гончаров и парфюмеров. Все большее число крестьян переходит к ремеслу, считая, что это не столь тяжкий способ заработать на жизнь, как земледельческий труд.

---

[20] Lester L. Grabbe, *Judaism from Cyrus to Hadrian: The Persian and Greek Periods*, London, SMS Press, 1994, pp. 334−335.

Когда Бен-Сира осуждает это явление, он не столько сожалеет о прошлом, выражая свои консервативные взгляды, сколько предвидит его социальные последствия. В городской общине бедность преодолевается труднее по сравнению с сельской. Когда наступают трудные времена, житель города не может больше поддержать семью продовольствием со своего участка и вынужден обратиться за помощью к соседям и общинной благотворительности.

Бен-Сире, вероятно, были известны многие случаи, когда бедняки были лишены этой поддержки, и он убеждает своих сограждан быть более щедрыми: «И к бедному простирай руку твою, дабы благословение твое было совершенно» (7:35). Он не раз напоминает своим слушателям о помощи бедным, например, такими словами: «Но к бедному ты будь снисходителен и милостынею ему не медли. Ради заповеди помоги бедному и в нужде его не отпускай его ни с чем» (29:11-12). И в то же время он осуждает богатых, «приносящих жертву из имения бедных», говоря: «Кто приносит жертву от неправедного стяжания, того приношение насмешливое, и дары беззаконных неблагоугодны» (34: 20, 18).

Репрессивные антиеврейские меры, включая запрещение субботы, обрезания, изучения Торы, а также осквернение Храма, предпринятые Антиохом IV, и сверхвысокие налоги, введенные его оккупационной властью, способствовали начавшемуся вскоре социальному бунту, особенно среди низших слоев. Подобная обстановка в решающей степени способствовала успеху восстания во главе с Маккавеями (60-е гг. 1-го в. до н.э.).

Это массовое восстание позволило добиться в последующие 25 лет полной независимости Иудеи от Селевкидской Сирии и создать мощное Хасмонейское царство, просуществовавшее почти 100 лет – вплоть до римского завоевания Иудеи. Хасмонеи избавили страну от изнурительной иностранной дани, укрепили страну и армию, добившись при этом создания мощного еврейского государства с расширением в несколько раз его территории, включая выход к морю.

Однако они не смогли даже частично решить главные социальные проблемы страны – безземелье и бедность большинства ее населения. Эти проблемы неизбежно приобрели еще более острый характер после захвата Иудеи Римом в 63 году до н.э., поскольку ее жители вновь были обложены высокими налогами в пользу победителя. Результатом хищнической социальной политики римлян и корыстолюбия собственной знати и богачей стало резкое расширение границ и углубление бедности еврейского населения Иудеи.

Эпоха Рима

Три ключевых события характеризуют этот период еврейской истории, и они были тесно связаны с эволюцией социального неравенства и социальной защиты в древней Иудее.

Разрушение Второго Храма в 70 году н.э. представляет собой первый поворотный ее пункт. Начиная с этого рубежа иудаизм, как религия, культура и образ жизни евреев, становится совсем иным почти по всем своим компонентам.

Появление талмудических мудрецов (фарисеев, или книжников) в качестве лидеров еврейского народа, где бы он не находился, стало вторым – после разрушения Храма – главным событием еврейской истории. Это не было ни внезапным, ни неотвратимым событием – к нему привел длительный процесс, тянувшийся столетия.

Третьим переломным моментом еврейской истории той эпохи было принятие Римской империей в 4-м веке н.э. христианства как государственной религии. В языческом Риме иудаизм был одной из многих терпимых религий. В христианизованном государстве его статус радикально переменился – иудаизм и его последователи систематически подвергаются гонениям.

Эти три события имели решающие последствия для еврейской истории в целом и для истории еврейской филантропии и ее организаций, в частности[21].

Особенно важными для понимания этих процессов были события, развернувшиеся в Иудее на рубеже старой и новой эры. В последние десятилетия правления Хасмонеев внутри царской семьи шла разрушительная борьба за корону, и каждый из претендентов обращался за поддержкой к Риму. В середине 1-го века до н. э. римский Сенат пришел к заключению, что вместо сменяющих друг друга слабых правителей, не гарантирующих безопасность направляющихся на восток римских легионов, стратегически важную Иудею следует просто аннексировать.

В 63 году до н.э. легионы Помпея навсегда положили конец ее полной независимости. А после неоднократной смены лояльных римлянам правителей Иудеи из представителей бывшей царской семьи, они в 37 году до н.э. привели к власти в качестве нового царя и «друга Рима» Ирода I (Великого), бывшего до того римским губернатором Галилеи. Эпоха Ирода (73 г. до н.э. – 4 г. до н.э.), потомка знатной идумейской семьи, которая приняла иудаизм всего лишь двумя поколениями ранее – весьма противоречивый период в истории древней Иудеи.

С одной стороны, почти 30-летнее правление Ирода вернуло ей многие достижения, добытые ранее в упорной борьбе Хасмонеями. При Ироде I римляне вернули Иудее ранее отобранные территории, включая Галилею, а также приморские земли и города. С их же поддержкой он завоевал новые территории. Считают, что границы его царства почти совпадали с границами Иудеи при царе Давиде. Благодаря его увлечению строительством, Иерусалим при Ироде стал одним из самых блестящих эллинистических городов. Им же было построено много новых городов того же стиля. Его преклонение перед греческой культурой

---

[21] Loewenberg, упом. соч., с. 67–70.

привело к эллинизации царского двора, а также управления, культуры и повседневной жизни в столице и других городах страны.

С другой стороны, широкие массы еврейского населения, особенно в провинциях, крайне враждебно относились к Ироду, считая его узурпатором, установившим режим, противный канонам иудейской религии, и тираном, правившим жесткой рукой с помощью наемной армии и за счет огромных налогов.

Желая понравиться массам, Ирод обновил и украсил Храм, созывал народные собрания, пытаясь разъяснять им свою политику и достижения, был щедрым филантропом, оказывая поддержку евреям вавилонской и египетской диаспоры и помогая нуждающимся в стране в неурожайные годы. Однако ничто не могло преодолеть враждебности к нему широких масс, оскорбленных в своих религиозных и национальных чувствах и выражавших их в неоднократных бунтах против него и его римских покровителей.

Вскоре после его смерти Иудея, Самария и Идумея перешли под именем «провинция Иудея» в прямое подчинение римскому наместнику (прокуратору), тогда как остальные части Иродова царства, включая Галилею, остались в руках его наследников[22].

Период римского владычества, включая наместничество Понтия Пилата (26–36 гг. н.э.), при котором и начались антиримские беспорядки, был на несколько лет прерван царствованием в Иудее потомка Хасмонеев царя Агриппы (41–44 гг. н.э.). Хотя он вырос и воспитывался в Риме, в народе его приняли как «иудейского царя» – не только из-за происхождения, но и потому, что он защищал иудейские ценности и сотрудничал с религиозными лидерами. При Агриппе сильно выросла роль Синедриона, действующего религиозного, судебного и админи-

---

[22] См. *Краткая Еврейская Энциклопедия* в 11 томах (далее - *КЭЭ*), Иерусалим, 1986, т.3, с. 126–127.

стративного органа еврейской автономии, решения которого признавались римскими властями. Наряду с саддукеями – священнической аристократией, в его составе появились старейшины и соферим (писцы, нотариусы и толкователи Устного Закона и Торы). Представляя в Синедрионе поддерживаемых большинством еврейского населения фарисеев (книжников), они соперничали с саддукеями в борьбе за руководство общиной.

Когда после смерти «истинно иудейского» царя Агриппы римляне возобновили свое прямое правление, страну захлестнул новый взрыв антиримских настроений. В народе стала массовой идея о том, что любая чужеземная власть, тем более идолопоклонническая, есть зло, борьба с которым является религиозным долгом всякого еврея, ибо по строгости Закона евреям вообще запрещено подчиняться какой-либо власти, кроме велений иудейского Бога и его земных представителей.

Опираясь на эту идею, в стране распространились различные мессианские движения антиримского характера, а в селах и провинциальных городах усилилось всеобщее брожение масс и начались многочисленные беспорядки. В Иерусалиме соперничество внутри правящей элиты, прежде всего, между саддукеями и фарисеями, нередко переходило в кровавые уличные столкновения. Вскоре грубо действующая римская администрация и раздираемые противоречиями органы еврейской автономии утратили контроль над страной, в которой воцаряется анархия, закончившаяся антиримским Великим Восстанием 67-70 годов[23].

Кроме религиозно-национальных и политических факторов, к этому восстанию, как и к предшествующим бунтам против римлян, вспыхивающим почти каждые 10 лет их правления, привело нарастающее социальное недовольство населения Иудеи. И, в первую очередь, в связи с непосильными налогами и пошлинами. При наместниках Рима большая часть доходов римской казны в Иудее по-

---

[23] См. *КЕЭ*, т. 3, с. 127–128.

ступала от поземельного налога, усиливавшего обезземеливание и обнищание крестьян. Везде, кроме того, взима-
лась подушная подать, а с жителей Иерусалима еще и особый подомовой налог.

***

Особое недовольство евреев вызывали привилегии,
предоставляемые римлянами греческому населению. В
Кесарии, новой столице провинции, в результате поряд-
ков, введенных Помпеем и его преемниками, греческая
верхушка превратилась в высшее сословие провинции,
что вызывало неоднократные конфликты еврейской и
греческой общин. Один из них вылился в вооруженное
столкновение, в котором римский наместник Флор встал
на сторону греков и арестовал верхушку еврейской общины в Кесарии. Это стало толчком к восстанию евреев в
Иерусалиме, где был уничтожен римский гарнизон, после
чего кровавые столкновения прокатились по всем крупным эллинистическим городам.

Так началась Иудейская война, закончившаяся разгро-
мом страны, разрушением в 70 году Второго Храма и
Иерусалима римскими войсками под началом Тита. Продолжительность и упорство еврейского сопротивления в
этой войне были в огромной степени вызваны не столько
участием в ней религиозных и националистических экс-
тремистов, сколько массовой базой восстания. В нем приняли участие все ограбленные и недовольные на селе, особенно те, кто потерял землю и иную собственность из-за
непосильных поборов и долгов, а также бедные и голодные в городах, число которых повсюду, прежде всего в
Иерусалиме, при римлянах резко выросло.

После разрушения Храма и Иерусалима, а вместе с
ними и около 500 синагог, при каждой из которых име-
лась не одна религиозная школа[24], жизнь в Иудее харак-
теризуется непрекращающимися беспорядками и хаосом,

---

[24] См. *Еврейская Энциклопедия Брокгауза и Эфрона* (далее –
ЕЭ), статья «Академии Палестины».

интеллектуальным упадком и резким ухудшением экономической ситуации, сопровождавшимся массовой бедностью и нищетой.

Эта бедственная ситуация представляла собой резкий контраст с положением во всей остальной империи, где наступил «золотой век» мира и экономического процветания, продолжавшийся более чем два столетия. В поверженной Иудее стихийно вспыхивающие бунты и восстания местных жителей сменялись новым усилением репрессий и поборов со стороны римских властей, разрушением селений и городов и изгнанием их жителей. Вслед за этим приходили всеобщая анархия, безудержная инфляция и великий голод.

Так было и после восстания Бар-Кохбы в 132–135 гг., еще более жестоко подавленного Римом. Иерусалим сравняли с землей и запретили евреям поселяться на его территории. Хотя зерно в эпоху «имперского мира» было весьма дешево, Иудею в то время неоднократно поражал голод, ибо у многих просто не было денег на покупку хлеба. Характерны поговорки книг Талмуда того времени. В одной из них говорилось, что заработать на жизнь было тогда так трудно, что, если это случалось, то успех приравнивали к чуду исхода из Египта, в другой – что заработать на жизнь вдвое труднее, чем выносить и родить ребенка.

***

Бедность в Иудее конца 1-го века н.э. была столь массовой, что прежняя система благотворительности в Иудее уже не могла с ней справиться. В Иерусалиме она вообще не функционировала. Традиционные и новые бедные, включая бывших богачей, были вынуждены в разрушенном городе заботиться о себе сами, вплоть до поисков съестного на мусорных свалках. Добровольных же пожертвований – там, где они еще были возможны – просто не хватало для всех из-за большого числа нуждающихся.

Даже бедные рабби, которых в прошлые времена щедро поддерживали, теперь голодали, и впервые в еврейской истории многие из них шли просить милостыню.

Эта новая ситуация породила специальную молитву, сочиненную позднее, в 3-м веке н.э., учеными одной из галилейских академий: не дай нам Бог зависеть от подношений людей – ведь они дают так мало, а наш стыд оттого, что мы выпрашиваем, так велик.

После разрушения Второго Храма император Веспасиан конфисковал в свою пользу многие из принадлежащих евреям в Иудее земель. Большие поместья на этих землях в качестве награды получили высшие офицеры его армии, видные римские политики и лояльные к Риму известные евреи, например, Иосиф Флавий, перешедший, на его сторону в ходе Иудейской войны. Большинство же мелких владельцев осталось на этих землях арендаторами или издольщиками.

Спустя 60 лет, после подавления восстания Бар-Кохбы, император Адриан провел новый цикл конфискаций земель, еще остававшихся в руках евреев. Но, как видно, у них было еще немало земель, так как столетие спустя, как следует из диспута в одной из книг Талмуда, ученые рабби спорили о том, кому принадлежит большинство земель в римской Палестине – евреям или язычникам. Из-за продолжающихся земельных конфискаций со стороны римлян, а также объединения и слияния мелких участков в крупные поместья, сельское хозяйство постепенно перестает быть главной отраслью иудейской экономики.

Это был, однако, очень медленный процесс. Об том свидетельствуют множество правовых решений, притч и диспутов, рассеянных по всему Талмуду. Ведь в течение всей талмудической эпохи займы и долги гарантировались большей частью закладом земли, а вдовы и разведенные жены получали свою долю наследства или имущества чаще всего от доходов, связанных с землей. Да и размеры богатства продолжали выражать в терминах, связанных с земледелием.

Рабби Тарфон (1 век н.э.) называл богатым такого человека, который «владеет сотней виноградников, или сотней полей и имеет сотню рабов, чтобы их обрабатывать».

И все же земледелие, падение роли которого началось задолго до римского завоевания, перестало быть основным источником дохода именно в талмудическую эпоху – ему на смену пришли ремесло и торговля, облегчающие и ускоряющие рост еврейского рассеяния. Авторы Мишны – свода записей Устного Закона (1–2 век н.э.), перечисляя 39 видов работ, запрещенных в субботу, упоминают только 7 работ, связанных с сельским хозяйством, тогда как работ, связанных с шитьем одежды – тринадцать.

***

Как известно, ни один народ, завоеванный Римом, не сопротивлялся так яростно его правлению, религии и культуре, как евреи Иудеи. Конечно, за исключением тех из них, кто крупно выиграл от римской оккупации и сотрудничал с властями. Но они составляли незначительное меньшинство. Большинство же иудейского населения провинции активно выражало свое недовольство и порыв к свободе – прежде всего, религиозной – как словом, так и действием.

Евангелие от Иоанна цитирует диспут Иисуса и сомневающихся иудеев: «Тогда сказал Иисус к уверовавшим в Него Иудеям: если пребудете в слове Моем, то вы истинно Мои ученики, и познаете истину, и истина сделает вас свободными. Ему отвечали: мы семя Авраамово и не были рабами никому никогда; как же Ты говоришь: сделаетесь свободными?» (Иоанн 8:31-33).

Бунты и восстания вспыхивали неоднократно в течение всего римского управления Иудеей, ибо большинство ее еврейского населения не признавало саму законность здесь римской власти. В этом была одна из главных причин низкой репутации тех, кто занимался здесь сбором налогов – были ли они римскими чиновниками или людьми из своей среды. Хотя мудрецы Мишны ненавидели и запрещали ложь, они постановили, что допустима даже фальшивая клятва, если она позволяет избежать уплаты налогов и ограбления. По Галахе (религиозному еврейскому праву) сбор налогов завоевателями приравнивался к краже.

Всеобщее восстание во главе с Бар-Кохбой, состоявшееся при императоре Адриане в 132—135 гг. н.э., было последним всеобщим восстанием против римлян. Но как до, так и после него неоднократно имели место локальные бунты евреев – и не только в Иудее, но и в диаспоре.

Особенно кровавым, как о том свидетельствует христианский историк Евсевий, так же, как и мудрецы Талмуда, были восстания евреев в Египте, Киренаике (Ливия), на Кипре и в Месопотамии в 115—117 гг. нашей эры[25]. Евреи провинции Киренаики, возглавляемые неким Лукой, объявившим себя иудейским царем и мессией, разрушали здесь языческие храмы и изгоняли из городов греческих верующих. Последние, собравшись в Александрии, где проживало в то время около 150 тысяч евреев, разгромили при поддержке местной греческой общины иудейский квартал и перебили многих его жителей. Через год евреи Александрии, собравшись с силами, ответили разрушением в городе языческих храмов и римских памятников, включая бюст Помпея, и новыми убийствами греков.

Наконец, император Траян, воевавший в те годы с парфянами в Месопотамии, где также началось брожение среди местных евреев, потребовал любой ценой покончить с иудейским сопротивлением в своем тылу. Его генерал из Мавритании Луций Квиет проделал это с редкой даже для римлян беспощадностью, перебив многие тысячи иудеев в городах Месопотамии, Сирии и Кипра. После своего назначения правителем Иудеи, он, как утверждается в Талмуде, продолжил и здесь свое кровавое шествие.

Много позднее, в 351 году, римский губернатор Галл Цезарь подавил еврейское восстание во главе с очередным «мессией» в Сепфорисе (Галилея) – одном из талмудических центров и месте неоднократных восстаний в прошлом.

---

[25] См. *ЕЭ*, статья «Квиет, Луций», а также сайт
http://www.livius.org/ja-jn/jewish_wars/jwar06.html)

Антиримские восстания в Иудее имели много причин, но среди них тяжелые экономические условия, при которых большинство населения вынуждено было жить ниже «порога бедности» того времени, были, вероятно, главным фактором.

***

В ранние времена иудейской истории правители страны и общины были, как правило, выходцами из высших слоев общества – таково было большинство первосвященников, царей и крупных торговцев. Эту традицию поддерживали и римляне, что продолжалось вплоть до разрушения Второго Храма. Все первосвященники назначались с их согласия, ибо они были ответственны за сбор налогов. После 70 г. назначение патриархов, заменивших первосвященников, а также местных еврейских правителей, происходило в упорной борьбе внутри общины, продолжавшейся не одно столетие.

Лидеры общины из священнической и бывшей царской знати, а также из торговой элиты, охотно и активно сотрудничали с оккупантами и нередко содействовали им в экономическом ограблении населения при сборе налогов. Поэтому они не имели массовой поддержки, тогда как ее все чаще получали ученые мудрецы, в большинстве своем, выходцы из простого народа.

Хотя некоторые из мудрецов и были богаты, среди них были, в основном, ремесленники, мелкие торговцы, земледельцы и просто бедняки. Не все, однако, готовы были принять лидерство в общине талмудических мудрецов с их ортодоксально жесткими религиозными требованиями. Ведь при эллинизированной знати, хоть и сотрудничавшей с римской властью, повседневная ритуальная жизнь была облегчена.

Лишь постепенно, спустя столетия, к лидерству в общинах, как в Иудее, так и в диаспоре, пришли мудрецы, а впоследствии раввины. Основной причиной тому стала решительная перемена в еврейском менталитете, вызванная в немалой степени безгосударственностью и рассеянием. Ученость человека стала более важным критерием лидерства, чем его общественное происхождение. Повсюду в древнем мире, как в Греции и Риме, так и в Иудее, когда она бывала независимой, отношение к простому народу, как к черни, представители которой недостойны и неспособны управлять, было привычным. Еще во 2-м веке до н. э. Бен-Сира сказал об этом так: «Все они надеются на свои руки, и каждый умудряется в своем деле; без них ни город не построится, ни жители не населятся и не будут жить в нем; и однако ж они в собрание не приглашаются, на судейском седалище не сидят и не рассуждают о судебных постановлениях, не произносят оправдания и осуждения и не занимаются притчами» (Бен-Сир. 38:36-38).

В талмудическую эру подход этот решительно переменился. Одни мудрецы были бедняками, другие занимались презренным ремеслом, третьи имели сомнительное происхождение. Но если их ученость и мудрость становились общепризнанными, они приобретали права на лидерство в общинах, тогда как привилегии, основанные на наследственном статусе и семейном праве, отходили на второй план. Теперь при выборе супруга генеалогия, игравшая ранее решающую роль, перестает быть важной. Сами мудрецы неоднократно напоминали о том, что Руфь, прабабушка царя Давида, была моавитянкой, перешедшей в иудаизм.

Прозелиты (новообращенные) и их наследники могли в талмудическую эпоху стать национальными лидерами – главным требованием к ним становится высочайший уровень учености. Некоторые из выдающихся талмудических лидеров, включая Шемаю и Абталиона, руководивших Синедрионом около середины 1 века до н.э., а также рабби Акива, вдохновитель восстания Бар-Кохбы, происходили из семей прозелитов.

Не только знатность происхождения, но и богатство перестало считаться непременным условием общинного лидерства. В Иудее появилось немало богатых евреев, особенно в период римского «золотого века» при императорах из династий Антонинов и Северов (138–235 гг.), но никто из них не стал лидером общины. Они нашли выход своей праведности и тщеславию в строительстве замечательных синагог, подобных той, например, что была воздвигнута в Капернауме в 3 веке.

***

Со времени Юлия Цезаря, которого еврейские лидеры Иудеи поддержали в его борьбе с Помпеем, и императора Августа, покровительствовавшего династии Ирода (иудейский философ Филон из Александрии называл его «наш спаситель и благодетель Август»), и вплоть до введения христианства в 4 веке н.э. — все эти три с лишним века римские власти как исходя из имперских интересов, так и по традиционной языческой толерантности в отношении к иным религиям, вполне терпимо относились к иудаизму и соблюдению евреями его заповедей и правил.

За редкими исключениями, жители провинции Иудея, подчиненной Риму еще в 1 веке до н.э., располагали не только религиозной свободой, но и теми же правами гражданства, что и жители других провинций империи. Им было разрешено иметь свои суды и общинную администрацию, а также полностью соблюдать религиозные традиции. При этом их могли освобождать от государственных повинностей, когда последние противоречили еврейскому Закону, например, исполнялись в субботу или были связаны с армейской службой, от которой евреев освобождали, поскольку она исключала соблюдение той же субботы и кашрута.

Лишь некоторые из ранних римских императоров были известны плохим обращением с евреями, но многие поздние правители, можно сказать, им симпатизировали, что вызывало недовольство неиудейского населения и столкновения с ним, особенно в греческих городах[26]. Св. Иероним, проживавший в Вифлееме в конце 4 века горько сетовал на особые симпатии к евреям со стороны императора Севера (193–211)[27]. Вновь предоставив Палестине ста-

---

[26]См. *ЕЭ*, статья «Диаспора».
[27]Loewenberg, упом. соч., с. 73.

тус провинции, он разрешил только евреям занимать муниципальные должности, хотя запретил при этом переход язычников как в иудаизм, так и в христианство. Его политику благоприятствования евреям в сравнении с христианами проводил и его сын Каракалла (211–217)[28].

Несмотря на религиозную терпимость, а временами и благоприятствование евреям Иудеи, римлян здесь ненавидели по другой причине – за их хищническую налоговую политику. Она, как и в начале новой эры, систематически истощала экономику Иудеи – налоги здесь были самыми высокими среди всех завоеванных Римом стран.

Римский историк Аппиан, хорошо осведомленный в этих делах, ибо состоял адвокатом по фискальным делам при императорском дворе, а позднее прокуратором в Египте, писал, что в расчете на одного жителя налоги в Иудее были выше, чем во всех соседних провинциях[29]. Гедалия Алон (Gedaliah Alon), израильский исследователь той эпохи, приводит сообщение другого римского историка о том, что евреи Иудеи не раз жаловались римскому губернатору провинции Нигеру насчет того, что тяжкие налоги раздевают их догола[30].

Крестьяне-арендаторы должны были платить не только фиксированную (как долю урожая) годовую ренту, но и годовой поземельный налог, который платили только евреи – как те, в чьей собственности земля осталась, так и те, что арендовали ее. Кроме того, существовал еще и душевой налог, размер которого зависел не только от богатства человека, но и от способности сборщиков налогов изъять его. Наконец, только евреи, притом по всей империи, обязаны были платить 2 динария в год Храму Юпитера Капитолийского – взамен добровольного налога в полшекеля, который евреи ранее платили в пользу иерусалимского Храма.

---

[28]См. *ЕЭ*, статья «Северы».

[29] Loewenberg, упом. соч., с. 73.

[30] Gedaliah Alon, *Jews, Judaism and the classical world*, Jerusalem, 1977, p. 64.

К этому списку следует добавить налог на содержание римского гарнизона в данном городе, покрытие расходов его муниципалитета, а также принудительный труд всех жителей со временным изъятием тяглового скота по требованиям властей, которое было особенно разорительно для окрестных крестьян.

Все вместе взятые платежи и поборы еврейского населения Иудеи многие современные историки относят к разряду конфискационных поборов. Именно поэтому Иудея, в наименьшей степени из провинций всей империи, могла пользоваться плодами «золотого века» римского процветания при Августе и его наследниках — для нее это была, наоборот, эпоха крайней бедности.

Вот почему еврейское присутствие здесь неуклонно падало, тогда как еврейская диаспора в остальных частях империи, особенно в Северной Африке, Малой Азии, Италии и Испании, а также на Востоке, соответственно возрастала. Особенно сильно начала уменьшаться численность евреев в Иудее в 3-4 веках, и не столько вследствие, как это было раньше, войн и оккупации, сколько из-за изнурительного налогового бремени, ставшего особенно нетерпимым в эпоху начавшейся нестабильности и последовавшего за ней развала Римской империи.

Именно тогда множество обедневших еврейских семей покидали Иудею в поисках лучшей доли, переселяясь либо в Галилею, либо в другие страны.

***

В течение 80 лет между смертью Каракаллы и имперской реформой Диоклетиана (правил в 284–304 гг.), впервые разделившей управление империей на четыре части и вместе с тем усилившей налоговый гнет, у власти в Риме находилось 27 императоров.

В десятилетия середины третьего века вся империя, включая ее окраинные провинции, была охвачена хаосом. Войны на рубежах империи и династические противостояния внутри, вооруженные восстания и убийства императоров и претендентов на трон сотрясали всю империю примерно полвека, приведя ее экономику к глубокому упадку, от которого она уже никогда не оправилась.

Отсутствие безопасности особенно сильно потрясли торговлю и сельское хозяйство, и для последнего стало характерным ускоренное обезземеливание множества мелких фермеров, и концентрация земель в руках немногих исключительно богатых людей.

Политическая нестабильность часто сопровождалась взлетом инфляции, соответственно, скачком цен и обесценением денег. В 3-4 столетиях содержание серебра в римском динарии упало с 60% до 2,5%. Бедность в Иудее была столь велика, что, как сообщается в Талмуде, люди, не имея другой еды, начинали, чтобы утолить голод, жать недозревший хлеб.

Нищий еврей становится привычной фигурой осмеяния в римской литературе, еще начиная с 1 века, например, в сатирах Ювенала и эпиграммах Марциала. Талмудические источники подтверждают это, цитируя одну из высмеивающих бедных евреев эпиграмм римских сатириков, произносимой со сцены актером: «Будем надеяться, что нам не придется есть морковку [еда бедных в те дни], как это делают евреи».

Жизнь в столь беспокойное время была особенно тяжела в деревнях, но и жители городов испытывали все большие трудности. Здесь римские власти обязывали состоятельных граждан-евреев собирать налоги или надзирать за принудительными работами, или занимать муниципальные должности, а нередко принимать на себя одновременно все эти обязанности – с вытекающей отсюда материальной ответственностью, покрываемой их личными доходами и имуществом.

Впрочем, касалось это всех состоятельных граждан римских полисов, если они, как правило, добровольно, брались за исполнение публичных должностей (магистратов). За гроши или задаром принуждали работать на государство и высококвалифицированных еврейских ремесленников. В итоге многие состоятельные горожане предпочитали оставить свою собственность и бежать из страны.

В одной из книг Талмуда сообщается, что когда знатные жители Сепфориса (Циппори) получили от римских властей письма с требованием немедленной уплаты дополнительных налогов, они обратились в субботу к своему рабби с вопросом: не бежать ли им немедленно из города? Не решаясь советовать им бежать в субботу, рабби дал ответ с очевидным намеком: «Почему вы спрашиваете у меня? Спросите у Иакова. Обратитесь к Моисею. Задайте этот вопрос Давиду...».

Нередко римские солдаты забирали в заложники еврейских детей, чтобы принудить их родителей уплатить все, что причитается. Даже если родители платили немедленно, всегда существовала угроза, что детей все равно продадут в рабство. Наконец, еще одним, и весьма характерным, знаком усиления экономических трудностей и роста бедности в тогдашней Иудее было появление на больших дорогах еврейских разбойников и грабителей...[31].

---

[31] Loewenberg, упом. соч., с. 75—76.

3. Взгляды на бедность и богатство

Бедность, как известно, очень старый и практически неистребимый социальный феномен, и существует она во всех обществах, как в древних, так и современных. Многократно, как мы видели, отмечена бедность и в библейские времена. Она была тогда так распространенной и столь укорененной, что в Библии ее исчезновение предсказывалось лишь с приходом Мессии.

С течением времени отношение общества к бедным, взгляды на бедность и ее оценка, даже в древности, неизбежно менялись. Обычно оценка бедности менялась при резкой смене условий жизни, причем произойти это могло даже в рамках одного-двух поколений. Взгляды на бедность в библейские времена отличались от тех, что преобладали в эпоху Мишны, а подход к ней мудрецов палестинского Талмуда мог отличаться от того, которого придерживались мудрецы вавилонских академий. Вряд ли можно ожидать, что комментарии по этой проблеме испанских раввинов, например, 12 века, или ученых польского Талмуда 18 века совпадут с опытом и взглядами на бедность в Иудее в эпоху Хасмонеев (1-2 вв. до н.э.)[32].

---

[32] Энциклопедия Британика (2012) предлагает следующую версию (имеются и другие) крупных периодов развития иудаизма, приводимой здесь в качестве примерного ориентира:

библейский иудаизм (20 в. до н. э.- 4 в. до н. э.),

эллинистический иудаизм (4 в. до н. э.- 2 в. н. э.),

раввинистический (талмудический) иудаизм (2 в. н. э. - 18 в. н. э.),

современный иудаизм (с 1750 г. по настоящее время).

https://ru.wikipedia.org/wiki/%D0%98%D1%83%D0%B4%D0%B0%D0%B8%D0%B7%D0%BC#cite_note-Britannica-10

Это многообразие подходов и школ, их исповедующих, язвительно замечает Лоувенберг, нередко объясняет, отчего современные исследователи могут отыскать в «подлинных еврейских источниках» поддержку различных и нередко противоречащих друг другу подходов к бедности.

Необходима поэтому, заключает он, привязка взглядов древних авторов на эту проблему к «истории с географией»[33].

Уже говорилось, что вплоть до расселения евреев в Ханаане в течении 13 века до н.э. социальное расслоение было незначительным – почти все пребывали на грани выживания, вынуждающего иметь для обширных семейств общую собственность и почти равное потребление. Возникший вскоре разрыв между богатыми и бедными расширился вслед за появлением монархии в 11 веке до н.э. Когда иудейские пророки от имени Бога обвиняли в то время богатых в эксплуатации бедных, они были хорошо знакомы с тем, о чем говорили.

Вот что сказано об этом в книге Амоса – самой ранней из пророческих книг Библии, относимой к 8 веку до н.э.: «Итак за то, что вы попираете бедного и берете от него подарки хлебом, вы построите домы из тесаных камней, но жить не будете в них; разведете прекрасные виноградники, а вино из них не будете пить. Ибо Я знаю, как многочисленны преступления ваши и как тяжки грехи ваши: вы враги правого, берете взятки и извращаете в суде дела бедных» (5:11-12).

Пророки, однако, не идеализировали бедность, более всего опасаясь ее негативных последствий для человека, его семьи и потомков.

Лишь много столетий спустя, когда после оккупации римлянами Иудеи пропасть между бедными и богатыми особенно углубилась, иудейская секта ессеев начала проповедовать моральное превосходство бедных над богатыми, поскольку первые, мол, «ближе к Богу». Хотя эта

---

33 Loewenberg, упом. соч., с. 19–20.

идеализация бедности не оказала заметного воздействия на ведущие течения иудаизма того времени, она могла серьезно повлиять на ранних иудеохристиан, превратившись в первые века нашей эры в один из основных догматов христианства.

Однако общий подход еврейских мудрецов к бедности был в библейскую эпоху в принципе иным, чем в концепции ессеев и ранних христиан. Они, как и первые пророки, считали бедность несчастьем, тогда как богатство оценивали положительно. Но и богатство, говорили они, не главная цель жизни – иногда бедность предпочтительнее, чем, например, ссоры, раздоры и война. Одно из изречений книги Притчей Соломоновых гласит: «Лучше кусок сухого хлеба, и с ним мир, нежели дом, полный заколотого скота, с раздором» (17:1).

***

В послебиблейскую эпоху, особенно начиная со 2 века н.э., в еврейских взглядах на бедность наблюдается серьезная разноголосица.

Талмудическая литература, отмечает Лоувенберг, заполнена столь противоречивыми оценками бедности, что на их основе невозможно сформулировать какие-то общие подходы. Одни мудрецы считали, что у бедности есть свои плюсы, другие проклинали ее, нередко сравнивая бедного с мертвым и вопрошая при этом: если ты настолько беден, что тебя должны кормить соседи, то стоит ли жить? Некоторые же писали, что бедность – это беспомощность, которая хуже десятков других бедствий.

И все же в целом талмудические авторы были постоянно озабочены тем, как избежать бедности и, если уж она наступала, то как с помощью общины достойно ее пережить и как, наконец, из нее выбраться. Зачастую эти взгляды отражают социальное положение их авторов: многие из талмудических мудрецов были настолько бедны, что вынуждены были зарабатывать на жизнь черной работой, ремеслом или торговлей.

Таким был, например, рабби Гилель Старший, один из самых крупных еврейских ученых 1 века до н.э., который смолоду поддерживал себя и семью, работая резчиком по дереву. Поскольку, чтобы изучать Тору и посещать академию, он мог работать лишь первую половину дня, его заработок был столь мизерным, что обеспечивал лишь скудное пропитание.

Это была участь многих рабби в эпоху Талмуда. Отсюда – их знание нужд народа, подавляющее большинство которого было бедным или нищенствовало, общность интересов простого народа и учителей. Этим объясним и характер их проповедей и правовых установлений, направленных в своем большинстве на поддержку бедных и благополучие каждого члена общины.

Некоторые из мудрецов были богаты, но их богатство не считалось препятствием для успехов в еврейской учености. Среди богатых числились следующие известные рабби – Тарфон, Элиезер бен Азария, Ишмаэль. Стал весьма богатым, но уже в зрелом возрасте, один из первых составителей Мишны знаменитый рабби Акива (50–135 гг. н.э.), происходивший, однако, из бедной семьи и до 40 лет служивший пастухом.

Не менее знаменитый рабби Иегуда Га-Наси, редактор окончательного варианта Мишны, был настолько богат, что, как следует из Талмуда, он мог себе позволить есть свежие овощи круглый год. Исключительно богатым считается рабби Тарфон – современник и коллега Акивы в составлении Мишны. В Талмуде сообщают, что во времена особенно продолжительного голода он взял в жены 300 (!) женщин, чтобы иметь право кормить их из пожертвований, предназначенных лишь для священников и левитов[34].

Почему люди беднеют?

Еврейская филантропия до наших дней опирается на древние заповеди и проповеди, притчи и правовые нормы

---

[34] Loewenberg, упом. соч., с. 21.

не только Библии, но и Талмуда. В этом можно убедиться, рассматривая эволюцию взглядов библейских и талмудических авторов по наиболее существенным проблемам бедности: каковы ее причины, кого считать бедным, какими должны быть взаимоотношения богатых и бедных, о праве бедных на помощь со стороны богатых, о размерах пожертвований и их распределении.

К основным причинам бедности древнееврейские авторы относили *судьбу, эксплуатацию, лень и грехи*[35].

В глубокой древности бедность во всех культурах считалась *неизбежной судьбой*, и в этом видели ее главную причину. Рано или поздно человек, или семья могли впасть в бедность, а то и в нищету – при тогдашней исключительной зависимости от природы и социальных потрясений. Это было особенно верно для засушливой Иудеи, находившейся на перекрестке главных цивилизаций античного мира. Считалось, что так же как Бог властен над силами природы, он правит бедностью и богатством.

«Господь делает нищим и обогащает, унижает и возвышает. Из праха подъемлет Он бедного, из брения возвышает нищего, посаждая с вельможами...» - так наставлял иудеев пророк Самуил в 1-й книге Царств (2:7-8).

***

Когда усилилось социальное неравенство, многим древней иудейской общине стало ясно, что одной из основных причин бедности являются также *человеческая алчность и эксплуатация чужого труда*. Сами цари и их сановники ввергали своих подданных в бедность, экспроприируя земли изменников и вознаграждая ею своих сторонников. Именно таким образом появилось немалое число безземельных бедняков, становившихся арендаторами или издольщиками новых хозяев на когда-то принадлежавших им землях.

На алчных властителей и богачей-эксплуататоров с гневом обрушивались библейские пророки, как это делал,

---

к примеру, Амос, изобличая их от имени Бога: «Выслушайте это, алчущие поглотить бедных и погубить нищих, - вы, которые говорите: когда-то пройдет новолуние, чтобы нам продавать хлеб, и суббота, чтобы открыть житницы, уменьшить меру, увеличить цену сикля и обманывать неверными весами, чтобы покупать неимущих за серебро и бедных за пару обуви, а высевки из хлеба продавать. Клялся Господь славою Иакова: поистине, во веки не забуду ни одного из дел их» (8:4-7).

Нетерпим и пророк Михей в своих нападках на тех, «в чьих руках власть и сила», а именно на «глав и князей дома Иакова». Вот как обличает их пророк словами Бога: «...вы ненавидите доброе и любите злое; ...едите плоть народа Моего и сдираете с них кожу их, а кости их ломаете и дробите как бы в горшок, и плоть — как бы в котел» (3:2-3). Михей также угрожает насильникам и эксплуататорам: «...Горе замышляющим беззаконие и на ложах своих придумывающим злодеяния, которые совершают утром на рассвете, потому что есть в руке их сила! Пожелают полей и берут их силою, домов, — и отнимают их; обирают человека и его дом, мужа и его наследие. Посему так говорит Господь: вот, Я помышляю навести на этот род такое бедствие, которого вы не свергнете с шеи вашей, и не будете ходить выпрямившись...» (2:1-3).

Амос и Михей писали о том, что они наблюдали в последние столетия периода Первого Храма, но их слова осуждения еврейских эксплуататоров остались уместными и для периода Второго Храма, то есть после возвращения евреев из вавилонского плена.

Пророк Нехемия говорит о том, что в послепленный период (с 5 века до н.э.) появились новые виды эксплуатации низов. Богатые одалживают бедным деньги под высокие проценты, нарушая запрет Торы брать их вообще, и требуют в заклад наследственную землю, чтобы гарантировать возврат ссуды. Если возврат невозможен, должник не только теряет землю своих отцов, но нередко вынужден отдать заимодавцу в рабство своих детей. Сам Нехемия, будучи наместником персидского царя в Иерусалиме, ссужал деньги в долг под высокие проценты, но увидев тяжкие последствия подобного поведения, взялся, начиная с себя, «по страху Божию», искоренять злоупотребления богатых и властных.

Он призвал их простить бедным долги, по крайней мере, смягчить условия их возврата, и немедленно освободить из рабства всех соплеменников: «И я также, братья мои и [служащие] при мне давали им в заем и серебро, и хлеб: оставим им долг сей. Возвратите им ныне же поля их, виноградные и масличные сады их, и домы их, и рост с серебра и хлеба, и вина и масла, за который вы ссудили их. И сказали они: возвратим и не будем с них требовать; сделаем так, как ты говоришь. И позвал я священников и велел им дать клятву, что они так сделают...» (5:10-12).

Спустя столетия эксплуатация, как причина бедности, лишь усилилась, особенно при эллинистических (после 4 в. до н.э.), как затем и при римских (с 1 в. до н.э.) правителях.

Бен-Сира, иерусалимский учитель мудрости 2 века до н.э., отмечал в своей книге, что социальная пропасть между богатыми и бедными стала теперь столь широкой, что нет никакой возможности ее преодолеть (Бен-Сир.13:2-5). Осуждая угнетение бедных, мудрец наставляет богатых землевладельцев не обманывать их и не лишать бедных источников их скромного проживания. Если же они обеднели или обнищали, то следует им помочь:

«...не отказывай в пропитании нищему и не утомляй ожиданием очей нуждающихся;

не опечаль души алчущей и не огорчай человека в его скудости;

не смущай сердца уже огорченного и не откладывай подавать нуждающемуся;

не отказывай угнетенному, умоляющему о помощи, и не отвращай лица твоего от нищего;

не отвращай очей от просящего и не давай человеку повода проклинать тебя;

ибо, когда он в горести души своей будет проклинать тебя, Сотворивший его услышит моление его...» (Бен-Сир. 4:1-6).

Упоминаниями и разоблачениями эксплуатации и алчности богатых как причины бедности усеяны и страницы талмудической литературы (со 2 века н.э.). Мудрецы Талмуда, хоть и не забывали осуждать богатых и властных в собственной общине, считали основной причиной обнищания иудейского населения римское угнетение, особенно в таких его формах, как массовые конфискации земель, беспощадное ограбление жителей сборщиками налогов, продажа в рабство должников и их семей.

Разоблачения алчных и богатых продолжили на рубеже старой и новой эры иудеохристианские проповедники, что затем ярко отразилось в евангелической литературе, а в более компромиссной форме – в поздней христианской традиции. Компромисс был неизбежен: растущее богатство и усиливающаяся бедность должны были сосуществовать. Тем более, что и церковь разбогатела.

***

Лень как причина бедности впервые упоминается в изречениях назидательных книг Библии. Особенно часто – в книге Притчей Соломоновых, составлявшейся многими авторами в течение сотен лет после царствования Соломона.

Вот, к примеру, одно из таких изречений: «Ленивая рука делает бедным, а рука прилежных обогащает» (Притч. 10:2). Вот другое: «Не люби спать, чтобы тебе не обеднеть; держи открытыми глаза твои, и будешь досыта есть хлеб» (20:13). И еще: «Кто возделывает землю свою, тот будет насыщаться хлебом, а кто подражает праздным, тот насытится нищетою» (28:19).

По мнению Лоувенберга, анонимные авторы подобных назиданий, принадлежали, скорее всего, к правящим и торговым сословиям Иудеи. Они стремились объяснить бедным, что богатства можно достичь и собственным тяжелым трудом, а не только получить его из рук Бога или как подарок судьбы[36].

Книга Притчей Соломоновых, одна из последних в христианском каноне Библии, написанная к тому же на греческом языке, была сформирована окончательно в период особенно сильной эллинизации Иудеи. Считается поэтому, что идея о лени как источнике бедности могла прийти в иудаизм из греческих и египетских источников, в которых ленивых и нерадивых бичевали также, как богатых и алчных.

***

Грехи перед Богом и людьми – еще одна из причин бедности, упоминаемая в библейских и талмудических источниках того же времени. И появление ее есть, вероятно, следствие взаимных культурных влияний в эллинистическом мире. По мнению исследователей, эта идея нашла отражение в поздней иудейской концепции благотворительности, усвоенной затем и ранними христианскими общинами.

Одна из соломоновых притч гласит: «Не допустит Господь терпеть голод душе праведного, стяжание же нечестивых исторгнет», другая же утверждает, что «грешников преследует зло, а праведникам воздается добром» (Притч. 13:21).

Для эллинистического времени, когда уже хорошо развита коммерческая деятельность, уместно экономическое толкование последней притчи. Тех, кто соблюдают заповеди, ждет богатство, тех же, кто выбрал грешный путь, ждет разорение и бедность, причем награда или наказание придут «здесь и сейчас», а не в ином мире. Как раз об этом и сказано в Псалтири: «Я был молод и состарился, и не видал праведника оставленным и потомков его просящими хлеба» (Псал. 37:25).

Если библейские источники еще не указывают, за какие именно грехи перед Богом и людьми человек может

---

36 Loewenberg, упом. соч., с. 29.

быть наказан бедностью, то талмудические авторы (позднее 2—4 веков н.э.) уже выделяют такой грех, а именно — отказ богатого в помощи бедному. В одной из книг Талмуда говорится: «Это хорошо, когда бедный просит богатого о помощи и тот помогает ему. Но, если нет... Тот, кто сделал этого человека богатым, может ввергнуть его в бедность, также как может сделать бедняка богатым».

Кого считать бедным?

Как в библейские времена устанавливалось, что человек или семья бедны? Конечно, в небольших древних общинах, где почти каждый знал каждого, не было нужды вводить какой-то формальный «порог бедности»: человек, претендующий на свою долю части урожая, оставляемого для бедных, получал его.

Но с усилением социального расслоения стали необходимы признаваемые всеми формальные правила. И они были иными по сравнению с представлениями о бедности в наше время, отмечает Лоувенберг[37].

В древних Греции и Риме понятие «бедность» относилось не к тем, кто был в крайней нужде или нищете – этих людей называли тогда по-другому. К бедным греки и римляне относили довольно большую группу тех свободных граждан, чье состояние не только не позволяло жить в праздности, но и вынуждало их работать, чтобы обеспечить себя и семью. Возможность вести праздную жизнь, а не размер состояния, определял у греков и римлян тех, кто был богат. Это означает, что человек мог считаться среди них бедным, даже владея землей и рабами, даже нанимая других.

В древней Иудее, особенно на ранних этапах ее истории, отсутствовало презрительное отношение к работе – ею вынуждены были заниматься почти все, как бедные, так и богатые. Бедным здесь считался тот, кто тратил на самые насущные нужды весь свой дневной заработок и не

---

[37] Loewenberg, упом. соч., с. 29—36.

имел никаких запасов на «чёрный день». К богатым же относили людей, чьи ресурсы или доходы значительно превышали текущие запросы семьи.

Позднее, после разрушения Второго Храма и создания Мишны – письменного свода устных толкований Торы (период от 1 в. до н.э. до 2 в. н.э.), был установлен количественный порог бедности. Им считали минимум годового дохода в 200 динариев, которые требовались для выживания семьи. Тот, кто не мог заработать больше, имел право не только на помощь из «благотворительного фонда» общины, но также и на другие виды помощи для бедных.

Считают, что на один динарий в те времена можно было купить примерно 12 буханок хлеба, соответственно на 200 динариев – 2400 буханок. Это означало, что в типичной тогда семье из 6 человек каждый мог иметь в год 400 буханок, или немногим больше, чем одну в день.

Поскольку хлеб был тогда основой питания большинства людей (бедняки крайне редко ели мясо и рыбу, особенно в городах), то вместе с оливковым маслом и бобами, а также овощами со своего поля, 200 динариев и были, вероятно, «порогом выживания» семьи среднего размера.

***

Как можно было заработать эту сумму? Дневной заработок неквалифицированного работника составлял в Иудее во 2 веке н.э. в среднем один динарий. Человек считался полностью занятым, если он работал 200 дней в году, но не каждый мог получить работу ежедневно и вряд ли каждый мог отработать 200 дней за год. Одни – по болезни в течение дней или недель, другие – из-за постоянной нетрудоспособности, третьи – по религиозным причинам или из-за учёных занятий.

Например, рабби Гилель Старший мог заработать лишь полдинария, так как из-за посещения академии мог отдавать работе помощника резчика по дереву лишь полдня, да и то не всегда мог получить её.

Но меньший доход или большая семья уже требовали внешней поддержки, и в древней Иудее её оказывали, исходя из просьбы нуждающейся семьи и без специальной ее проверки. Тот, кто чувствовал эту нужду, мог, согласно заповедям Торы, сам выйти в поле и собрать то, что ему нужно из доли урожая, оставленной для бедных.

Эта доверительная система сохранилась и позднее, когда были основаны общинные фонды. Ее не отменили и тогда, когда участились злоупотребления. Имея достаточные средства для жизни, недобросовестные члены общины все же обращались к ней за поддержкой.

Однако рабби и лидеры общины предпочитали не вводить формальных процедур расследования и наказания за нечестность, заменяя их моральным осуждением и угрозой высшей кары за грех обмана, как, впрочем, впоследствии действовали и отцы христианской церкви.

В одном из талмудических источников установлено следующее «наказание»: «Тот, кто берет благотворительную помощь, не нуждаясь в ней, не умрет, пока не обеднеет и не станет по-настоящему нуждаться», то есть будет обречен на мучения в «чистилище нищеты» еще на этом свете. Сходным образом наставлял нечестных и рабби Акива: «тот, кто берет пожертвования, не нуждаясь в них на самом деле, не умрет, пока не будет нуждаться в помощи других по-настоящему». Или так: «тот, кто накладывает повязку на глаза или бедро и кричит: «Подайте слепому! Подайте хромому! – тот на самом деле ослепнет и охромеет».

С ростом масштабов бедности в Иудее, особенно в римскую эпоху, когда примерно треть населения была бедной или нищей и лишь не более одного процента жителей относили к богатым, когда организация общины становилась по необходимости все более формальной, – вот тогда критерии бедности, дававшие право на помощь, стали более развернутыми.

Иудейские мудрецы установили, что путник, находясь в городе, может обратиться в общинную столовую для бедных лишь в случае, если он не имеет еды, чтобы поесть дважды в день. Жители города, не имеющие возможности поесть 14 раз в неделю, то есть также дважды в день, имели право на поддержку из общинного фонда. И только члены общины с годовым доходом ниже 200 динариев, имели право кормиться за счет части урожая, оставляемого на поле для бедных. Для тех же, кто занимался торговлей и, значит, мог иметь скрытый доход, этот порог был понижен до 50 динариев. То есть при доходе более этой суммы, человек, занятый в торговле, не имел права на помощь.

Но, как и в прошлые столетия, формальная проверка благосостояния, подтверждающая право на помощь, не проводилась – лидеры общины и рабби полагались на честность и угрозу Божьей кары за обман.

Бедные и богатые – права и обязанности

Важной темой в библейской и талмудической литературе являются *права и обязанности* богатых и бедных.

Иудейские мудрецы особо выделяют из установлений Библии равенство всех людей, как богатых, так и бедных. По Второзаконию, как уже отмечалось, следует относиться к бедному человеку, как к своему брату, а согласно книге Бытия, Бог создал всех людей по своему образу и подобию. Многие мудрецы полагали, что последнее утверждение даже важнее заповеди «возлюби своего ближнего, как самого себя» из книги Левит.

Этот призыв к социальному равенству вытекает из того, что в Библии больше выделяются *права* бедных на поддержку, чем *обязанности* богатых предлагать ее. Именно поэтому, как считает большинство историков древнееврейской филантропии, соблюдение справедливости в отношении бедных стало ведущим принципом социальной политики иудейского общества, начиная с его первых царей.

Если в других древних обществах и культурах бедных клеймили позором, и того, кто зависел от благотворительности, ожидало бесчестье и потеря социального статуса, то в древней Иудее проводили сознательную и почти всегда успешную линию на удержание бедных в рамках общества. Главная цель – помочь им выбраться из нищеты и стать независимыми.

Особенно много свидетельств тому в деятельности царя Соломона, к которому, как к высшему судье, имели доступ не только приближенные и богачи, но и люди низших сословий. Поскольку Библия требовала равенства в судах для всех, в том числе, и для бедных, возникали опасения, что судьи могут из милосердия оказать им предпочтение и тем нарушить справедливость.

Чтобы не допустить подобную «политкорректность», в книге Исхода специально оговаривается: «Не следуй за большинством на зло, и не решай тяжбы, отступая по большинству от правды; и бедному не потворствуй в тяжбе его» (23:2-3). Библия специально предупреждает судей не оказывать предпочтение бедному, если по ходу дела становится ясно, что оно по справедливости должно быть решено не в его пользу. Так надо поступать и в том случае, когда несправедливое решение позволит бедняку получить от богатого ответчика некую сумму денег без унижения последнего.

Благотворительность, считали библейские мудрецы, является ложной, если она нарушает справедливость. Вместе с тем, они предупреждали судей – не потворствуйте и богатым, давая им, например, возможность говорить с бедным грубо или разрешая одному сидеть, а другому стоять.

Одновременно с правами бедных и богатых в Библии устанавливаются и их *обязанности*.

Общее правило таково: любой иудей – богатый ли, бедный ли – имел как одинаковые права, так и одинаковые обязанности. Бедность не могла служить извинением неисполнения социальных и религиозных обязанностей, а из последних, прежде всего – изучения Торы. Если же бедняк не имел средств, чтобы заплатить за обучение или исполнить религиозные (например, принесение жертвы Богу) или праздничные (например, наличие особой

одежды и еды для субботы или вина для пасхального се-
дера) обряды, общине следовало ему помочь.

Вот тут и появляется обязанность богатых жертвовать
на благотворительность, а священной основой этой обязанности иудейские мудрецы считали многократно повто-
ряемую в Библии заповедь – «следуй за Господом, Богом
твоим». Так же как Бог защищает бедных, сирот и вдов,
точно также каждый иудей – не только богатый, но и бедный, даже получатель помощи – обязан следовать по Его
стопам и помогать доступными ему средствами всем
остальным бедным и беспомощным.

В иудейской общине все, кроме сирот, должны следовать этой обязанности. Когда все, даже бедные, становятся
жертвователями, или «патронами», утверждает известный историк еврейской филантропии Эфраим Фриш, тогда число «патронируемых», то есть получателей поддержки, автоматически сводится к минимуму. Все, как
бедные, так и богатые, могут гордиться тем, что помогают
общине в целом – каждый в силу своих возможностей. Те
же, кто не выполнял эти правила, подлежали суду общины, нередко с конфискацией в пользу общинных фондов части, а то и всего имущества.

По этому порядку выходило, что *персональная благотворительность*, то есть добровольные пожертвования
сверх положенного, начиналась (причем, в разумных пре-
делах – не доводя дарителя до разорения), лишь после исполнения им общинной обязанности (цдаки, или праведности)[38]. Требование равенства всех членов древней общины в правах и обязанностях, то есть библейский призыв к социальной справедливости применительно к филантропии, есть, по мнению Э. Фриша, отличительный
признак ее еврейской концепции.

Независимо от того в какой мере это требование осу-
ществлялось на деле в социальной истории еврейской общины, в ее филантропии нет преклонения перед бедным

---

[38] Ephraim Frish, *An historical survey of Jewish Philanthropy*, New
York, 1924, с. 78–81.

и идеализации бедности, какая имеет место в христианской концепции благотворительности.

Исходя из равенства прав и обязанностей богатых и бедных, иудейская концепция не допускала также унижения получателей помощи. Древние евреи были весьма чувствительны к судьбе бедных. В книге Исхода звучит следующее устрашающее предупреждение Бога: «Ни вдовы, ни сироты не притесняйте; если же ты притеснишь их, то, когда они возопиют ко Мне, Я услышу вопль их, и воспламенится гнев Мой, и убью вас мечом, и будут жены ваши вдовами и дети ваши сиротами» (22:22-24). Соломон призывает уважать достоинство бедных, как религиозную заповедь: «Кто ругается над нищим, тот хулит Творца его; кто радуется несчастью, тот не останется ненаказанным» (Прит. 17:5).

Талмудические мудрецы считали, что лучше вовсе не жертвовать, чем унижать при этом достоинство бедных. Избежать этого можно, в частности, не проводя унизительную проверку права заявителя на помощь. Мудрецы считали, что каждый, попросивший еду, должен получить ее немедленно, и лишь просьбы об одежде или другой помощи надо сначала расследовать.

Лучше всего жертвовать в тайне от других, чтобы не унизить получателя помощи. Такой благотворитель по праведности приравнивался к Моисею, а нередко ценился даже выше его. Считают, что эта традиция была реализована в период Второго Храма созданием при нем двух «благотворительных кладовых» – одной для жертвующих, другой для нуждающихся в помощи, с тем, чтобы они не встречались и тем самым бедные не испытывали стыда перед дарителем.

Отмечают попутно, что храмовые священники предоставляли лишь помещения, не вмешиваясь в сам процесс дарений и распределений – им хватало хлопот с жертвоприношениями Богу. Этот порядок сохранялся какое-то время и после разрушения Храма, но затем его заменили общинными организациями.

***

Еврейские мудрецы придавали большое значение психологии благотворительности. В их сочинениях приводится много примеров и рекомендаций о том, как следует жертвовать, не задевая достоинство нуждающихся.

Вот несколько примеров из Талмуда.

Когда иудейский царь Агриппа I (37—44 гг. н.э.) с пышной свитой прибыл в Храм, чтобы пожертвовать Богу 1000 животных, там уже находился бедный человек, пришедший пожертвовать пару диких голубей. Служители Храма решили, что раньше будет принята жертва бедняка, а царю следует подождать, так как «алтарь отдает предпочтение жертвам бедняков».

Рабби Укба (3 век н.э.) предпочитал занести деньги в дом бедняка, но так, чтобы тот не знал, кто это сделал. При этом сам рабби, зная получателя, мог судить о том, как он ими распорядился. Рабби Абба (тот же 3 век н.э.) действовал иначе. Идя по улице, он ронял монету, и шел дальше не оглядываясь, чтобы бедный человек, поднявший ее, не был пристыжен тем, что о его нужде знает кто-то другой. Вместе с тем бедняк знал, кому он должен быть признателен за помощь.

Знаменитый рабби Шаммай (1 в. до н.э.), современник и оппонент Гилеля Старшего, проповедовал следующую мудрость общения с ближними: «Тот, кто относится к своему собрату с искренним дружелюбием, даже если он не оказал ему никакой материальной помощи, почитаем также, как тот, кто дал ему все дары мира». Иными словами, дело не в величине, а в способе пожертвования. Рабби Шаммай, может быть, оттого поучал этому искусству, что сам отличался крайней несдержанностью и нетерпимостью.

Приводя эти и многие иные примеры, талмудические авторы не были, однако, в большинстве случаев довольны прямыми пожертвованиями, настаивая на том, чтобы они вносились в общинные фонды, существовавшие в то время почти в каждой деревне – этим и обеспечивалась анонимность как донора, так и получателя[39].

Сколько и кому жертвовать?

Так как в Библии не установлен минимум пожертвования, последний приходилось вводить каждый раз заново в зависимости от изменения социально-экономических условий. Почти всегда введение нового минимума вызывалось практической потребностью.

Последняя могла вызываться тем, например, что следовало поощрить богатых жертвовать больше, чем они привыкали давать, или тем, что нужно было не только убедить их сделать щедрое пожертвование, но и заверить их в том, что оно не ослабит их богатство. Количественный минимум (в процентах от состояния или заработка) позволял также убедить несостоятельных членов общины, включая бедных, чтобы они не стыдились внести «по возможности». Если ты имеешь мало, внеси немного, но в твердой пропорции к размеру имущества или дохода, одинаковой для всех.

Ситуация осложнилась после разрушения Второго Храма, когда исчезла возможность принесения здесь жертвы Богу, позволяющей получить искупление грехов и обещание места на небесах. У некоторых особо правоверных евреев сложилось убеждение (оно особенно ярко проявилось в сектах ессеев и кумранитов), что они могут обеспечить искупление лишь тогда, когда примут «клятву бедности» и распределят все свое состояние среди неимущих или отдадут его секте.

В одной из книг Талмуда рассказывается, что, когда один из учителей 2 века н.э. уже собирался совершить подобный поступок, рабби Гамлиель Старший запретил ему это делать, говоря, что никому не разрешено жертвовать более 20% своего состояния.

---

[39] Loewenberg, упом. соч., с. 40-41

Нужда в установлении максимума пожертвований появилась по ряду причин. Во-первых, недопустимо, чтобы человек впал в бедность добровольно, тем самым поставив себя в зависимость от общины, которой и так в то время хватало забот; во-вторых, разрушение богатства лишало общинные фонды будущих источников пожертвований – нельзя допустить, чтобы «зарезали курицу, несущую золотые яйца»; в-третьих, этого требовало продолжающееся распространение в иудейской среде сектантского мессианства, а затем и христианства с их осуждением богатства, идеализацией бедности и призывом к богатым полностью отказаться от своего состояния в пользу мессианской общины.

Настаивая столетиями на регулярной благотворительности, древние еврейские мудрецы не считали, однако, что ее плодами могут пользоваться в равной мере все. Примерно того же взгляда придерживались древние греки и римляне, выдвигая критерий «заслуженности дарения».

Один из талмудических мудрецов, комментируя библейские заповеди, писал, что следует учесть обстоятельства бедного человека и образ его прежней жизни, прежде, чем раздавать всем одно и то же. Впервые эта идея была выражена во Второзаконии, где Моисей призывает: «... открой ему руку твою и дай ему взаймы, *смотря по его нужде*, в чем он нуждается» (15:8).

Однажды, следуя этой заповеди слишком буквально, рабби Гилель Старший, живший в Иудее на рубеже старой и новой эры, обеспечил обедневшего человека лошадью и рабом, поскольку он происходил из «хорошей семьи», где к такому почитанию привыкли. Известный не только своей ученостью, но и добротой, Гилель чувствовал себя обязанным помочь этому человеку восстановить его прежний статус.

Исследуя истоки этого обычая, историки спрашивают: не сказались ли тут три века эллинизации Иудеи? Ведь по Аристотелю благодетельствовать нужно именно «правильным людям» и с учетом их поведения.

Считают, однако, что в отличие от расчетливых в своей благотворительности язычников-греков, евреи поддерживали всех, но учитывали при этом их жизненные обстоятельства. Когда в другой раз, повествует та же притча Талмуда, Гилель не смог доставить своему подопечному раба, который по тогдашнему обычаю должен был бежать впереди своего хозяина. Поэтому почтенный рабби бежал сам впереди его лошади около трех миль. Это, скорее всего, легенда, но она представляет собой яркий пример крайней степени преданности еврейских мудрецов библейским заповедям.

Другой благотворительный акт рабби Гилеля исторически вполне достоверен, и он имел важное значение для многих обедневших крестьян, ремесленников и торговцев Иудеи 1 века н.э. Будучи главой Синедриона, Гилель провел закон, обходящий соблюдавшуюся много столетий заповедь Библии об автоматической ликвидации старых долгов каждый Субботний, или седьмой год. Это библейское установление (более подробно о Субботнем годе и правовом решении Гилеля – далее), принятое когда-то в интересах бедных, теперь, когда их число многократно выросло, не позволяло им выбраться из нищеты. Богатые просто не давали им в долг, боясь в тех хаотических условиях потерять деньги через 7 лет. Новый закон гарантировал возврат долгов и после этого срока, и он стал, наряду с обширной прямой помощью из общинных фондов, реальным актом поддержки тех, кто упорно трудится и готов ради будущего процветания терпеть временные лишения.

Научить богатых делиться, а бедных трудиться

Требование избегать бедности и зависимости от других было, как уже отмечалось, одним из центральных в социальной этике древнего иудаизма. Следование этой заповеди было прочно укоренено в массовом сознании древних евреев, поскольку имело Божественное происхождение. Как, однако, это сочетается с существованием и защитой богатых в той же Библии? Древние еврейские учителя так разъясняют это противоречие. Богатые не имеют права разрушить свое богатство и впасть в бедность, ибо они, отдавая все, что они имеют на благотворительность, сами станут зависимыми от милосердия общины.

Но и бедные должны предпринимать все возможные усилия, чтобы выбраться из нищеты и зависимости. Любая работа, даже самая низкая, предпочтительнее зависимости от благотворительности. Правоверным евреям, даже ученикам религиозных школ, многие рабби разрешали воздержаться от специальной одежды и еды в субботу, если их можно было получить только за счет средств общинного фонда, и делать все возможное, чтобы самим заработать деньги на их покупку.

Талмудические мудрецы, как уже отмечалось, сами были в своем большинстве бедными и не чурались любой работы. В одной из книг Талмуда сообщается, что один из лучших учителей первого поколения талмудистов (1–2 век н.э.) держал в Иерусалиме овощную лавку, чтобы прокормить семью, и нередко торговал по ночам, чтобы не прерывать свои дневные лекции в религиозной Академии.

Другой рабби (3 век н.э.) доводил требование материальной независимости до предела, граничившего с жестокостью. Каждую пятницу, перед закрытием рынка, он скупал все непроданные овощи и выбрасывал их в реку. По его убеждению, это предпочтительнее, чем отдавать их как пожертвования бедным – они привыкнут к этому еженедельному подарку и перестанут искать независимые способы добыть средства для субботы.

Поэтому богатым рекомендовалось предлагать такую помощь бедным, которая поощряла бы их к поискам заработков и как можно раньше приводила бы их к житейской независимости.

Если бы кто-либо спросил, отчего как иудейская Библия, так и Талмуд в течение сотен лет столь настойчиво повторяет свое требование помогать бедным и несчастным, напрашивающийся ответ мог бы быть таким. В первую очередь, потому, что врожденный альтруизм нужно культивировать, ограничивая столь же врожденный человеческий эгоизм. Это, однако, слишком общее объяснение и его можно отнести не только к иудейской, но и ко всем культурам и религиям, как древним, так и последующим.

Различие состоит, по мнению исследователей благотворительности древних евреев, в методах, которые для такого воспитания избираются, и они должны отвечать природным, историческим и социальным условиям той или иной культуры. В большинстве древних обществ забота о бедных не была главной социальной проблемой, поскольку их число было столь небольшим, что семья и племя могли их поддержать своими силами.

Если же их число начинало превышать возможности семьи или племени, им могли предложить незанятые земли поблизости или на завоеванных территориях – методы, которыми широко пользовались древние греки и римляне, египтяне и персы. Эти способы решения проблемы бедности, почти никогда не были доступны в древней Иудее, и ее общине пришлось искать иные пути. Поощрение пожертвований *именно для бедных* – один из самых ранних способов их поддержки, почти неизвестный в древней Греции и Риме.

Зато этот подход, по мнению Лоувенберга, оказал весьма сильное влияние на раннюю христианскую церковь, а через нее затем и на всю западную филантропию как в Средние века, так и в Новое время. Иудейские методы поддержки бедных решающим образом повлияли также на ислам и арабский мир.

***

В древней Иудее ведущие мотивы благотворительности были иными, чем в современном мире. В наше время филантропия для многих есть один из способов «пути наверх» – достижения желанного социального статуса и самовозвеличения. Тщеславие как стимул филантропии был особенно хорошо известен древним грекам и римлянам. Был он, правда, знаком и в древней Иудее, особенно на исходе старой эры, когда она подверглась мощному воздействию эллинистической культуры. Как сообщает Иосиф Флавий в «Иудейских древностях», одним из сильных стимулов благотворительности в Иудее его времени было завоевание признательности своего окружения и всех сограждан.

И все же, вопреки греко-римскому влиянию, преобладающее значение в древней Иудее имел иной стимул помощи бедным. Если все богатство принадлежит единому Богу, то что бы человек ни жертвовал на бедных, на самом деле, составляло часть Его собственности. Именно эта распространенная идея и давала в руки древних иудейских пророков и учителей мощное средство стимулирования благотворительности богатых.

Была в этой идее и теневая сторона – аргумент «Божьей собственности» нередко развращал бедных. Однажды обедневший еврей, как сообщается в одной из книг Талмуда 4 века н.э., потребовал, чтобы община обеспечивала его более жирными курами, так как он привык к ним до того, как обеднел. В ответ на упреки в чрезмерности, он, не стесняясь, отвечал: «Разве я ем ихнее? Я прошу то, что принадлежит Богу!».

Поскольку не все богатые придерживались идеи «собственности Бога», были найдены иные стимулы усилить их щедрость. Одним из часто используемых способов было обещание благословения Бога всем, кто жертвует на бедных: «Милосердный будет благословляем, потому что дает бедному от хлеба своего» – гласит одна из притч Соломона (Прит. 22:9). Другая утверждает: «Не доставляют пользы сокровища неправедные, правда (наверное, более точный перевод – *праведность*[40]) же избавляет от смерти» (Прит. 10:2).

---

[40] В англоязычном вариапте этой притчи, в отличие от русского синодального перевода, употребляется слово *righteousness* – праведность, в древнееврейском – *цдака*, что для древних евреев и означало благотворительность.

Толкуя библейские заповеди, талмудические мудрецы предупреждали, что список благотворительных поступков человека будет сопровождать его на Последнем Суде. В худшем случае, он ему облегчит посмертную долю, а в лучшем – может обеспечить спасение и лучшее место на Небесах – мотив, ставший впоследствии решающим в христианской благотворительности. Исток этой преемственности особенно нагляден в традиционной молитве древнего происхождения, произносимой в новогодний, по еврейскому календарю, праздник Рош Ха-Шана, в которой есть следующие слова: «раскаяние, молитва и благотворительность отводят козни дьявола».

Если в Средневековье идея о том, что милосердие и благотворение могут искупить грехи, стала одним из ведущих стимулов христианской благотворительности, то об этом же не уставало говорить и большинство умеренных талмудических учителей. Лишь наиболее консервативные из мудрецов отвергали ее, полагая, что торговля с Богом недопустима.

Духовные мотивы благотворительности иудеев становятся особенно важными после разрушения Второго Храма, пожертвования которому позволяли надеяться на прощение Бога за прегрешения и на место на Небесах. Поэтому идея талмудических мудрецов о том, что жертвование на бедных равноценно жертвам Храму, стало одним из решающих мер усиления еврейской благотворительности в последующие столетия. Теперь пожертвования не были связаны ни с определенным местом, ни с установленным временем – их совершали везде, где была община, а в ней всегда, особенно в рассеянии, находились те, кто нуждался в помощи.

***

В древности, как, впрочем, и впоследствии, действовал еще один духовный стимул благотворительного поведения – *еврейский фатализм*. Никто в те суровые времена не мог быть застрахован от разорения, обнищания или преждевременной смерти.

Оттого мудрецы советовали всегда молиться об избавлении от бедности. Она неумолима: если ты не обеднеешь, твой сын станет бедняком, а если не сын, то внук. В этой модели «колеса фортуны» выход состоял в том, как твердили рабби, чтобы быть щедрым, пока ты богат и в состоянии жертвовать, и тем самым помочь ныне бедным. Жертвуя сейчас, ты как бы делаешь вклад в будущее свое или детей – когда ты или они будут нуждаться, помощь поступит от других богачей и от всей общины.

Один из рабби 3 века н.э. записал в Талмуд следующий совет своей жене. Если к твоей двери подойдет бедный человек, немедля дай ему что-нибудь поесть, чтобы и твои дети не ждали, когда и им придется просить милостыню. Он же учил, что богатый человек может обеднеть внезапно, за одну ночь, потому-то он должен подавать бедному всегда, накапливая «небесный капитал» или «облигации милосердия» на тот случай, когда ему или его детям придется просить помощи.

По сути та же идея проникла затем в христианскую концепцию милосердия и, будучи доведена до крайности, выродилась в Средневековье в институт индульгенций, при котором процветала «торговля с Богом», принося громадные доходы католической церкви.

Но еще задолго до этого (1 или 2 в. до н.э.) Притчи Соломоновы неоднократно убеждают богатых, что быть щедрым и милосердным не только богоугодно, но и выгодно: «Благотворящий бедному дает взаймы Господу, и Он воздаст ему за благодеяние его» (19:17). Или – «Соблюдающий правду и милость найдет жизнь, правду и славу» (21:21).

Спустя столетия талмудические учителя, активно пропагандируя эту расчетливую щедрость, говорили, например, что лучший способ сберечь свое богатство – использовать его для благотворительности и добрых дел. Или что в награду за благотворительность Бог облегчит милосердному бремя разорительных налогов.

В последующие века отцы христианской церкви и ее проповедники не менее активно использовали подобные средства мотивации помощи бедным[41].

---

[41] Loewenberg, упом. соч., с. 43–47.

4. Обычаи и институты социальной помощи

У всех жителей древней Иудеи, была, как мы уже знаем, непреклонная обязанность помогать бедным и совершать другие поступки милосердия. Тех же, кто ее не исполнял, могли ожидать тяжкие последствия. Одна из притч Соломона предупреждает: те, кто закрывает уши свои для мольб бедных, не будут услышаны, когда помощь потребуется им самим.

Требование быть милосердным являлось столь важным, что в Талмуде категорично объявлено: тот, кто не участвует в благотворительности, отпадает от еврейского народа. Мудрецы также заявляли, что тот, кто не участвует в благотворительности – хуже идолопоклонника. Жертвовать на бедных обязан был каждый еврей, но особо это относилось к лидерам общины – поэтому-то их избирали, как правило, из богатых и знатных людей. Если же они не справлялись со своими обязанностями – собирать пожертвования и быть в этом деле особенно наглядным примером – их ожидали еще более суровые Божьи кары, включая преждевременную смерть, о чем не раз говорится в Библии и Талмуде.

Поэтому, вероятно, подавляющее большинство верующих евреев, независимо от их статуса, состоятельности и религиозного рвения почти во все периоды еврейской истории, активно участвовали в благотворительности.

Однако еврейские мудрецы и лидеры общин рано осознали, что если опираться только на добрую волю индивидуальных доноров, то собранных средств никогда не будет хватать, чтобы обеспечить нужды растущего числа бедняков и запросы общины в целом. Это и привело к созданию специальных благотворительных учреждений и регламентации всего процесса сбора и распределения пожертвований в еврейских общинах. Считается, что, наряду с заповедями Библии, опыт их деятельности оказал – через ранние христианские общины – существенное влияние на западную модель благотворительности, и вместе с тем, определил контуры современной еврейской филантропии.

Как же возникла, сложилась и развивалась в древней Иудее система персональной и общинной благотворительности?

Система прямой помощи бедным

Исследователи находят в Библии немного сведений о повседневной жизни в древней Иудее. Хотя она и свидетельствует о том, что бедные среди древних евреев были почти всегда, в ней, однако, нет связных данных о том, как им удавалось выживать.

Зато Библия, по мнению многих историков, содержит достаточную информацию о том, какую помощь для них практиковали в ранний период еврейской истории.

Лоувенберг в своем обширном труде о древнееврейской филантропии сообщает, что ему удалось выявить в Танахе (Библии), особенно в Торе (Пятикнижии), две категории поддержки бедных в эту эпоху[42].

Первая – меры помощи работающим беднякам, которая не позволяла им впасть в нищету и хроническую зависимость.

В различных книгах Библии есть прямые или косвенные сведения о следующих мерах этой помощи:
- выдача беспроцентных ссуд;
- аннулирование ссуд каждый седьмой год – в так называемый Субботний год;
- выплата заработка в условленный срок;

---

[42] Loewenberg, упом. соч., с. 91–95.

- выкуп родственниками ранее заложенной наследственной земли;
- возврат прежнему собственнику или его родственникам заложенной наследственной земли в Юбилейный, или каждый 50-й год.

Вторая – меры поддержки нетрудоспособных бедняков, которые не были в состоянии сами себя содержать.

Чтобы помочь им библейские заповеди требовали:
- оставлять на полях и в садах часть ежегодного урожая, а именно: нескошенный угол каждого поля, осыпавшиеся колосья и зерно, забытые снопы и вязанки, осыпавшиеся на землю и нестандартные гроздья и ягоды винограда и маслин;
- выделять дважды в течение 7-летнего цикла десятую часть урожая (десятину) для бедных;
- заключать с бедняками, которые не состоянии расплатиться с долгами, договора о 6-летнем трудовом, или контрактном рабстве должника и, нередко, всей семьи, чтобы трудом погасить свой долг.

Как, надеюсь, понимает читатель, в Библии не проведена (и не могла быть проведена) подобная классификация – это современный прием исследования, облегчающий анализ. Конечно, появление, развитие и модификация этих мер, каждая из которых могла включать несколько видов помощи, родившихся в разное время, составили длительный эволюционный процесс, растянувшийся на сотни лет.

Напомним о том, что между двумя главными источниками иудаизма и одновременно сведений о древней еврейской филантропии – Торой и Талмудом, пролегает эпоха в тысячу лет. Это позволяет понять сколь сложно было ее исследователям отыскать достоверную информацию для обоснования истории, концепции и реальной организации древнееврейской филантропии. Поэтому не следует представлять себе дело так, что система эта родилась или придумана была готовой. Появившись в зачаточных формах и подтвержденная заповедями Торы и наставлениями пророков, она при перемене социальных и экономических условий обновлялась с возникновением новых учреждений и средств помощи.

Главная форма этой эволюции и ее важнейший результат – переход от одной лишь индивидуальной благотворительности к ее комбинации с общинной филантропией.

Вот что представляли собой отмеченные выше виды помощи бедным в древней Иудее, начиная с самых ранних.

Доля урожая для бедных

Бедные люди в древней Иудее поддерживали свое существование, в первую очередь, за счет предназначенных для них продуктов земледелия.

Вот заповедь о том в книге Левит: «Когда будете жать жатву на земле вашей, не дожинай до края поля твоего, и оставшегося от жатвы твоей не подбирай, и виноградника твоего не обирай дочиста, и попадавших ягод в винограднике не подбирай; оставь это бедному и пришельцу. Я Господь, Бог ваш» (19:9-10).

Иными словами, крестьянину велено не собирать урожай на всем поле, оставляя недожатый его угол для бедных. Сначала это касалось только зерновых и оливковых деревьев (Втор. 14:19-21), позднее талмудические мудрецы отнесли в этот перечень и фруктовые деревья.

Колосья и зерно, выпавшие из рук жнецов, также оставлялись для бедных, а позднее мудрецы распространили эту заповедь и на большинство других аграрных продуктов. Все пропущенные жнецами участки, оставленные снопы и вязанки, оказавшиеся на поле после вывоза урожая, принадлежали бедным и не могли быть возвращены хозяину поля.

Эта заповедь относилась и к плодам на фруктовых и оливковых деревьях, пропущенным при уборке, и к неубранным их кучам. Но только после того, как их урожай был вывезен в погреба, к винным и масляным прессам. Принадлежал бедным и опавший, или недозрелый виноград (до и после его уборки).

Всем этим, вероятно, самым древним видам поддержки бедных у евреев было присуще необычное свойство – от хозяина поля или сада не требовалось ни решение, ни какие-либо действия, кроме изначального согласия соблюдать установленную заповедь. Он не должен был ни отбирать часть урожая, предназначенную бедным, ни выбирать ее получателей – любой человек, считающий себя бедняком, имел право прийти на поле за своей долей.

Позднее мудрецы-толкователи этой заповеди писали, что пассивность древнего донора имела целью подчеркнуть, что, как весь урожай, так и его доля для бедных, на самом деле, принадлежат Богу, который и помогает бедным – идея, перешедшая затем в качестве основополагающей и в концепцию христианской благотворительности.

Помощь через долю урожая имела неформальный и добровольный характер, пока число ее получателей было невелико. Поэтому в Торе и не был установлен минимум и максимум этой доли.

Много столетий спустя, когда общие условия жизни в Иудее стали другими, когда бедность значительно усилилась, мудрецы вынуждены были установить минимум. Они определили, что для бедных следует выделить 1/16 каждого поля, причем требовали, чтобы в действительности «угол поля» был больше – всякий раз, когда резко возрастает число бедняков и когда урожай бывает меньше обычного.

Имеются свидетельства исполнения этой заповеди уже в древнейшее время. В Книге Руфь, а это эпоха Судей (13–11 вв. до н.э.), говориться об этом так: «... сказала Руфь Моавитянка Ноемини: пойду я на поле и буду подбирать колосья по следам того, у кого найду благоволение. Она сказала ей: пойди, дочь моя. Она пошла, и пришла, и подбирала в поле [колосья] позади жнецов» (2:2-3).

О том, что эта заповедь продолжала применяться и в столетия после завершения библейского канона (на рубеже старой и новой эры) подтверждается любопытной дискуссией в Талмуде о том, как относиться к вновь обращенным в иудаизм.

Когда у многих в Римской империи из-за упадка язычества пробудился интерес к иудаизму, как, впрочем, и к иным восточным религиям, возросло и число желающих перейти в него. Однако теперь рабби, в отличие от прошлых столетий, неохотно принимали прозелитов по той причине, что не верили искренность их намерений. Многие мудрецы полагали, что при огромных масштабах тогдашней бедности основной стимул прозелитизма – участвовать в сборе доли урожая, оставляемой для бедных.

Лоувенберг по этому поводу замечает, что это ограничение прозелитизма и его обоснование, выглядят довольно странными в свете более раннего установления Мишны не препятствовать беднякам-неевреям, «ради мира и добрососедства», собирать пропитание на «еврейских полях». По этой норме, следовательно, не нужно было принимать иудаизм только для участия в доле урожая. Но тогда получается, что или эту норму не все соблюдали, или бедняки-неевреи о ней не знали.

Чем бы ни было вызвано это ограничение прозелитизма, дискуссия мудрецов, случившаяся в период между 3 и 5 веками, то есть уже в христианскую эру, подтверждает все еще широкое распространение практики оставления на полях доли урожая для бедных. Но она уже не была, как в прошлые века, главным видом помощи, так как евреи все меньше занимались сельским хозяйством. В то время уже имелись иные виды помощи бедным, отвечающие новым условиям жизни в Иудее, и о них будет рассказано далее.

Хотя исполнение заповеди о «доле урожая для бедных» казалось полностью добровольным, всегда требовалось применить некое социальное (общинное) давление, чтобы эта заповедь исполнялась.

Если в далеком прошлом этим занимались пророки, то в эпоху Мишны и Талмуда за это взялись учителя и мудрецы. Они наставляли членов своих общин, например, следующим поучением. Если кто-то не позволяет бедным собирать на поле колосья и плоды, или если одному разрешает, а другому запрещает, тот считается грабителем бедных.

И вот как это толковалось. Поскольку эти колосья и плоды принадлежат бедным по закону Торы еще до того, как они их подобрали, значит тот, кто не допустил бедного на поле, отобрал у него его собственность. После разрушения Второго Храма использовался, как уже говорилось, иной способ мотивации – выделение доли урожая для бедных приравнивалось к жертвоприношениям Храму.

Вскоре потребовался и принудительный механизм. Иосиф Флавий в «Иудейских Древностях» говорит о том, что общинный суд мог наказать тех, кто не исполнял эту «добровольную обязанность».

В наши дни эта заповедь на земле государства Израиль уже практически не исполняется по понятным причинам – для помощи бедным, прежде всего, в городах, используются другие и более эффективные способы. Да и вряд ли экономически целесообразно совершать поездки на далекие поля и потом дома перерабатывать исходные продукты.

Отметим, кстати, что горожане, вывозимые на уборку колхозных полей на просторах бывшего СССР, активно и без спросу собирали свою «долю урожая», даже не зная о том, что, будучи в своей массе достаточно бедными, могли претендовать на это по «библейскому праву» ...

В современном же Израиле, как о том сообщает Лоувенберг, соблюдение этой заповеди верующими евреями иногда отмечается символическим праздником с выездом на поля – в честь заповедей Торы о бедных.

Десятина бедняка

Десятиной в древности, как известно, называли десятую часть урожая и скота, подлежащую отчислению в виде религиозной повинности. Выплата этой повинности на храмовые нужды, наряду с царской десятиной, имела широкое распространение в древних странах Ближнего Востока[43].

Считается, что Авраам был первым евреем в истории, платившим десятину. В книге Бытия сообщается, что он отдал десятую часть всего, что имел, Малхиседеку, царю Иерусалимскому (14:20).

По завету ли Всевышнего, по примеру ли Авраама, или по обычаям окружающих народов Второзаконие требует: «Отделяй десятину от всего произведения семян твоих, которое приходит с поля [твоего] каждогодно, и ешь пред Господом, Богом твоим, на том месте, которое изберет Он, чтобы пребывать имени Его там; десятину хлеба твоего, вина твоего и елея твоего, и первенцев крупного скота твоего и мелкого скота твоего, дабы ты научился бояться Господа, Бога твоего, во все дни» (14:22-23).

Процедура отделения и распределения десятин была непростой[44].

Как следует из книги Левит (27:32-33), десятина скотом приносится в качестве пожертвования лишь Храму и вот каким образом. Каждое десятое животное текущего года рождения забивается на алтаре Храма, однако сам алтарь лишь окропляют его кровью, тогда как мясо позволено съесть владельцу животного и его гостям. Никакая часть десятины животных бедным не была предназначена.

Десятина же зерном, виноградом и оливками (много позднее Талмуд дополнил ее овощами) распадается на три десятины разного назначения.

Первая предназначена священникам (коэнам) и служителям (левитам) как компенсация их культовой службы в Храме.

Вторая – это десятая часть от того, что осталось после коэнов и левитов, и предназначена она для питания крестьянина и его семьи, когда они во время ежегодных праздников находятся в Иерусалиме.

---

[43] *КЕЭ*, т. 2, с. 334.
[44] Loewenberg, упом. соч., с. 96–101.

Наконец, *третья* – это и есть «десятина бедняка». На самом деле, она составляла не 10%, а только 8,82%. урожая, поскольку ее полагалось отделять от урожая каждый третий и шестой годы семилетнего цикла вместо второй десятины, составлявшей 10% не всего урожая, а того, что оставался после десятины коэнов и левитов.

Но это еще не вся процедура дележа десятин, потому что левиты, тоже считавшиеся бедными, имели право на участие в третьей десятине, выделявшейся крестьянами для бедных. Только после этого она становилась знаменитой «библейской десятиной», притом единственной, специально предназначенной для бедных.

Вот что сказано об этом во Второзаконии: «По прошествии же трех лет отделяй все десятины произведений твоих в тот год и клади [сие] в жилищах твоих; и пусть придет левит, ибо ему нет части и удела с тобою, и пришелец, и сирота, и вдова, которые находятся в жилищах твоих, и пусть едят и насыщаются, дабы благословил тебя Господь, Бог твой, во всяком деле рук твоих, которое ты будешь делать» (14:28-29).

Особенность «бедняцкой десятины», в отличие от доли урожая, оставляемой на поле, которой мог воспользоваться любой бедняк, заключалась в том, что решение насчет того, кому именно давать из этой доли, принимал сам крестьянин.

Каков тот минимум, который следовало дать каждому, Библия не установила, но это было сделано мудрецами Мишны. Каждый бедняк из тех, кого выбрал даритель, должен был получить не меньше половины сосуда, вмещающего примерно 1–1,5 л пшеницы, и полный сосуд, то есть примерно 2–3 л ячменя[45].

***

Реальная практика отчисления десятины за две тысячи лет жизни евреев на земле Израиля, конечно, не могла не отличаться от порядка, установленного в Библии. В этой

---

45 Loewenberg, упом. соч., с.97

практике за столь длительный период неизбежно произошли значительные перемены.

Из них две считаются особенно важными для поддержки бедных. Одна касалась состава получателей, имеющих право на участие в десятине, другая – ее масштабов, перечня продуктов и предметов, включаемых в нее.

Прежде всего, изменился список тех, кто имел право на *первую десятину*. Если сначала на нее имели право все храмовые священники и служители, то в последние столетия Второго Храма многие земледельцы стали эту десятину давать лишь тем священникам, которые были также и учеными. Позднее мудрецы закрепили это предпочтение правилом – никто не должен давать десятину священнику, который не демонстрирует еврейскую ученость или тому, кто не соблюдает строго законы ритуальной чистоты.

Еще позже, особенно после разрушения Храма, люди стали давать первую десятину ученому, даже если он и не был священником. Теперь не священники, а ученые рабби (учителя) нуждались в поддержке, поскольку они заменили священников в роли лидеров отдельных общин и всего народа.

Лидеры талмудических академий и в Палестине, и в Вавилоне, конечно, приветствовали этот новый подход – ведь он позволял экономически поддержать растущее число бедных рабби как в этих школах, так и в местных общинах Иудеи.

Изменился и состав лиц, имеющих право на *вторую десятину*.

По Библии она предназначалась на пропитание крестьянину и его семье во время пребывания в праздники в Иерусалиме. К концу периода Второго Храма, как о том свидетельствует Иосиф Флавий, многие крестьяне раздавали ее в Иерусалиме бедным, сиротам, вдовам и новообращенным евреям, не прикасаясь сами к этой еде.

Это означало, что бедняки Иерусалима теперь могли рассчитывать не только на третью десятину (примерно каждые три года), но и получать ежегодные раздачи по праздничным дням.

Произошли перемены и в *перечне продуктов десятин* (по Библии сюда входили лишь домашний скот и зерно). Сначала произошло расширение ассортимента аграрных продуктов — кроме зерна, в десятину включили овощи и другие плоды земли.

Косвенное тому свидетельство имеется в гневных обличениях фарисеев евангелистом Матвеем: «Горе вам, книжники и фарисеи, лицемеры, что даете десятину с мяты, аниса и тмина, и оставили важнейшее в законе: суд, милость и веру; сие надлежало делать, и того не оставлять» (Мат. 23:23).

Затем десятину распространили и на неаграрные продукты. Самый ранний пример тому находят в деятельности ряда иудейских сектантских общин в последние столетия Второго Храма. Более всего среди этих общин известны эссеи, о которых, благодаря Иосифу Флавию, Филону из Александрии и другим античным авторам, сохранилось особенно много свидетельств.

***

Среди сектантских общин были не только те, что жили в уединении на берегу Мертвого моря, но и другие, находившие своих последователей в деревнях и городах. Сектанты-горожане по многих отношениях отличались от тех, кто жил в общинах монастырского типа. Так, они не отдавали им свое имущество и не практиковали коммунизм.

Иосиф Амусин, известный исследователь кумранских общин, комментируя знаменитый Дамасский документ, описывающий историю, правила жизни и верования одной из таких общин, отмечает, что этот «устав» не был предназначен для суровых условий жизни в кумранской пустыне. По крайней мере для общины Хирбет-Кумран с ее совместным трудом и коллективным бытом[46].

---

[46] Амусин И. Д., *Кумранская община*, М., Наука, 1983.

По мнению Лоувенберга, образ жизни членов таких немонастырских общин, особенно тех, кто имел или приобретал сторонников в обычных деревнях и городах, должен был по необходимости, хотя бы внешне, включать многие обычаи окружающих их иудеев, придерживавшихся традиций Торы. И хотя их обязанности как членов секты были строго регулируемы, пожертвования для бедных, как и в окружавшей их среде, оставались добровольными.

Ссылаясь на тот же Дамасский документ, Лоувенберг утверждает, что примерно во 2 веке до н.э. внутри таких сектантских общин произошла существенная перемена. Здесь появился общинный фонд для поддержки сирот, бедных и больных, незамужних женщин, а также для выкупа пленных и заключенных.

Каждый член такой общины, управляемой наставником и судьями, уже был *обязан* (под угрозой наказаний за неисполнение) вносить в фонд каждый месяц эквивалент своего двухдневного заработка. И вряд ли было случайным, что эта сумма равнялась примерно 1/10 месячного заработка неквалифицированного работника.

Считается, что именно эта сектантская практика является наиболее ранним примером выплаты *несельскохозяйственной десятины для бедных*.

Хотя эта практика и не имела в то время широкого распространения, она с течением времени могла послужить прототипом и для традиционных, прежде всего, фарисейских общин, славящихся своей основательностью и практичностью, пока она не стала нормой в раввинистическом иудаизме. Чем больше евреев в Иудее вынуждено было — из-за чрезмерности римских налогов — оставлять сельское хозяйство и уходить в ремесло, торговлю и ростовщичество, тем сильнее распространялась практика выплаты десятины из дохода от этих новых занятий.

В одном из мидрашей (толкования установлений устной и письменной Торы), относящихся к примерно 2 веку до н.э., определено, что купцы и мореплаватели отделяют 1/10 своей прибыли тем, кто прилежно изучает Тору. Это еще одно свидетельство «денежной десятины», заменявшей постепенно ее натуральную, аграрную, форму. В одной из книг Талмуда рассказывается о том, что в городе Уша (примерно 2 век н.э.) постановили жертвовать даже 1/5 денежного дохода на благотворительность.

Все эти и другие прецеденты послужили в дальнейшем основанием галахической (еврейской правовой) нормы о том, что каждый состоятельный человек обязан отделять десятую часть своего дохода в пользу благотворительности[47].

Наконец, норма о десятине была закреплена в «Шулхан Арухе» (1565 год) – четырехтомном кодексе практических положений Устного Закона, составленном крупнейшим раввином и законоучителем 16 века Йосефом Каро. Этот кодекс состоит из примерно полутора тысяч параграфов галахических правил и является до сих пор наиболее полным наставлением, регулирующим все стороны повседневной еврейской жизни, включая благотворительность.

Шломо Ганцфрид, ортодоксальный раввин из г. Унгвар в Закарпатье (ныне – Ужгород) издал в 1864 г. сокращенную версию кодекса Й. Каро под названием «Кицур Шулхан Арух» («Краткий Шулхан Арух»). Сравнительно небольшой объём книги, простота и доступность изложения, не требующие глубоких знаний Торы, сделали эту книгу особенно популярной. В ней выделена самостоятельная глава, посвященная еврейской благотворительности (цдаке), положения которой, включая благотворительную десятину, применяются до сих пор, и – не только верующими евреями[48].

---

[47] Loewenberg, упом. соч., с. 99; см. также *КЕЭ*, т. 8, с. 1075.

[48] См.:

- Статья о «*Шулхан Арух*» из Электронной Еврейской Энциклопедии.
http://www.eleven.co.il/?mode=article&id=14956&query=ШУЛХАН+АРУХ

- Глава 33 «*Цдака*» из т. 1 «Кицур Шулхан Арух».
http://chassidus.ru/library/halacha/kitzur_shamir/033.htm

***

Как долго и насколько регулярно практиковалась десятина для бедных в самой древней Иудее?

Это в решающей степени зависело от экономической ситуации. Она же, в условиях оккупации страны (сначала селевкидской, а затем римской), за небольшими перерывами, систематически ухудшалась из-за неуклонно растущего налогового бремени. При Селевкидах в 3 веке до н.э. налоги нередко достигали трети урожая. Несколько столетий спустя при Юлие Цезаре они были ниже, составляя «лишь» четверть урожая, но военные правители на местах и сборщики налогов выколачивали, с учетом своих корыстных интересов, гораздо больше.

Хозяйственная ситуация особенно ухудшилась после падения в 70 году Иерусалима, когда в стране наступил не только политический хаос, но и развал экономики. Длительные периоды всеобщей анархии, безудержной инфляции и великой бедности неоднократно случались и в последующие столетия. Хотя во 2—3 веках продукты питания в Палестине были очень дешевы, смертность от голода среди евреев, по свидетельствам талмудических мудрецов, была особенно велика. У многих просто не было денег даже на хлеб.

Вот почему в эти века большинство крестьян Иудеи было не в состоянии одновременно выполнять строгие требования Торы насчет всех трех десятин и неумолимые обязанности по налогам. Для многих выбор был очевиден. Под угрозой насилия, а то и продажи в рабство, крестьянин сначала платил налоги и, чтобы самому не голодать, он, несмотря на увещевания мудрецов, переставал выделять положенные десятины, в том числе и в пользу бедных.

Несоблюдение заповеди десятин, выделявшихся добровольно, началось, однако, уже давно. В Талмуде рассказывается о том, что при первосвященнике Иоханане (135–104 гг. до н.э.) многие крестьяне не выделяли из урожая все требуемые десятины. Еще ранее Филон Александрийский (около 30—45 гг. до н.э.) в резких выражениях убеждал крестьян соблюдать эту заповедь. Иосиф Флавий сообщает, что в начале Великого восстания (67 год) толпа фанатиков в Иерусалиме разрушила лавку, поскольку ее хозяин продавал продукты земледелия, из урожая которых он не отделял десятину. Особенно усердствовали в подобных акциях зелоты – наиболее строгие ревнители Торы.

И все же многие продолжали платить десятину даже после разрушения Храма. Иначе зачем было бы римлянам, озабоченным, как видно, регулярным поступлением более крупной доли урожая в виде налогов, запрещать эту практику после подавления восстания Бар-Кохбы? Однако натуральная десятина бедняка (как и другие виды десятин) постепенно изживала себя – как из-за своего добровольного характера, так и несоответствия резко возросшему числу бедных.

Вместо нее был выработан новый метод их поддержки – через «денежную десятину», которая вскоре привела к образованию общинных благотворительных фондов с обязательными взносами для всех членов общины.

***

Однако заповеди Торы о десятинах, особенно о десятине бедняка, не были, да и не могли быть полностью преданы забвению ни в иудейском, ни в христианском мире, поскольку играли весьма важную роль в поддержке растущей массы бедных.

Поначалу отцы ранней церкви отвергли заповеди десятин Ветхого Завета, введя вместо них добровольные пожертвования богатых для бедных сначала через посредство дьяконов, а затем – епископов. Однако уже в 6 веке католическая церковь, опираясь на эти же заповеди, ввела специальную десятину с христиан в пользу церкви, ссылаясь на острую нужду в средствах своей системы благотворительности. Церковная десятина с христиан была узаконена государством во Франции в 8 веке, в Англии в 10 веке.

В Средние века церковь напомнила и евреям-земледельцам диаспоры о соблюдении библейской заповеди натуральной десятины. Так, со второй половины 11 века церковные власти в отдельных странах Западной Европы стали облагать их десятиной сначала лишь с урожая на землях, купленных евреями у христиан, затем и с урожая всех земель, находившихся в еврейской собственности.

Латеранский Собор 1215 г. распространил эти решения на все страны Западной Европы, а папа Григорий IX в 1233 г. велел брать десятину даже с земель евреев, находившихся в бывших мусульманских странах. Ее взимали вплоть до постепенного запрета евреям в течение 13—14 веков владеть землей, вынудив их тем самым полностью уйти в ремесло, торговлю и ростовщичество.

Интересно, что символическое исполнение заповедей Торы и Галахи о десятинах восстановлено под контролем Верховного Раввината в современном Израиле. Та из них, что предназначена левитам и коэнам, отделяется в размере «сколько-нибудь» (например, 1/100 урожая) и выкупается на месте специальными магазинами — вместо доставки продуктов, как это было в древности, в Иерусалим. Эти же магазины принимают и натуральную десятину бедняка от тех, кто хочет ее соблюдать, а вырученные деньги передаются в благотворительные фонды на помощь бедным[49].

Субботний год

Библией установлено, что каждый седьмой год является Субботним, или, как сказано в книге Левит — «Субботой Господней», «годом покоя земли». В этот год еврейским земледельцам в Иудее не было разрешено заниматься обработкой земли, посевом и уборкой урожая.

Вот что говорится об этом в одной из самых древних библейских книг — в книге Исхода: «Шесть лет засевай землю твою и собирай произведения ее, а в седьмой оставляй ее в покое, чтобы питались убогие из твоего народа, а

---

[49] *КЕЭ*, т.8, с.1076

остатками после них питались звери полевые; так же поступай с виноградником твоим и с маслиною твоею. Шесть дней делай дела твои, а в седьмой день покойся, чтобы отдохнул вол твой, и осел твой и успокоился сын рабы твоей, и пришелец» (23:10-12).

Библейское представление о 7-летних циклах – весьма древнее. О нем сказано еще в книге Бытия словами Иосифа в притче о семи тощих и семи изобильных годах (41:17-21). Цикл этот упоминается и в письменных памятниках других народов древнего Ближнего Востока.

Одной из естественных причин оставления земли под паром каждые семь лет была забота о восстановлении плодородия почвы. Но для древних иудеев это было, в первую очередь, напоминание о том, что их Бог сотворил землю и все, что на ней, за шесть дней, а на седьмой отдыхал. Так в заповеди о покое поля каждый седьмой год отразилось земное и небесное – поистине «небесная агрономия», по выражению Арье Бараца, одного из современных толкователей Торы[50].

Использование Субботнего года в тех формах, как они представлены в Библии, считают чисто иудейским «изобретением», поскольку, кроме агрономии и религии, в нем отразилось и присущее иудаизму стремление к социальной справедливости. Исполнение заповеди Субботнего года стало попыткой предотвратить или смягчить резкое социальное расслоение, начавшееся уже в раннюю эпоху еврейской истории[51].

Как, однако, могли бедные использовать Субботний год, если крестьянам было запрещено засевать поля и собирать урожай?

---

[50] См. Арье Барац, *Иго свободы*, недельный комментарий к Торе, книга Ваикра (Левит).
http://www.machanaim.org/tanach/_weekly/ba_bhar.htm
[51] *КЕЭ*, т.8, с. 633–34.

Вот как отвечает на этот вопрос книга Левит: «...что само вырастет на жатве твоей, не сжинай, и гроздов с необрезанных лоз твоих не снимай; да будет это год покоя земли; и будет это в продолжение субботы земли [всем] вам в пищу, тебе и рабу твоему, и рабе твоей, и наемнику твоему, и поселенцу твоему, поселившемуся у тебя; и скоту твоему и зверям, которые на земле твоей, да будут все произведения ее в пищу» (25:5-7).

Все, что выросло на полях само по себе, Библия объявляет «бесхозным», точнее – собственностью Бога. Раз так, то по справедливости все – богатые и бедные, а также и владелец поля, оставшийся без регулярного урожая – могут собирать семена и плоды земли, и их разрешено лишь потреблять, но не продавать. Хозяину даже разрешено оставлять на хранение то, что собрано и не съедено, но лишь на короткое время – до тех пор, пока дикие и домашние животные более не могут найти в полях этот вид семян и плодов. Затем их следует извлечь из хранилищ и раздать бедным.

Позднее порядок исполнения этой заповеди в интересах бедных был в деталях разработан мудрецами Талмуда. По их процедуре бедные были освобождены от этих требований: им позволяли оставлять собранное в хранилищах и после названного предела.

Строгое соблюдение Субботнего года всегда было мучительным для земледельцев Иудеи. Ведь это означало прервать регулярное поступление съестных припасов сразу на 2 года – не только в седьмой, но и в восьмой, поскольку в предыдущий год они не сеяли. Этот перерыв и в самом деле становился нередко катастрофой, учитывая крайне трудные условия хранения запасов в здешнем жарком климате.

Неудивительно поэтому, что в Иудее, чтобы избежать великого голода, часто вынуждены были нарушать заповедь «покоя земли». В истории страны были долгие периоды, когда эту заповедь соблюдало лишь меньшинство народа. Согласно устной традиции не соблюдались 70 из

117 возможных Субботних годов за примерно восемь столетий, начиная с вторжения иудеев в Ханаан под водительством Иисуса Навина и заканчивая нашествием вавилонян и разрушением Первого Храма в 586 году до н.э.

Живший в то время пророк Иеремия много раз попрекал этим соплеменников своего поколения и видел в нем одну из причин, приведших к вавилонскому изгнанию. Недаром, как свидетельствует книга Нехемии, народ, вернувшийся после изгнания в Иерусалим, твердо решил (поклялся) соблюдать заповеди Торы, в том числе и те, что касаются Субботнего года: «...пристали к братьям своим, к почтейнейшим из них, и вступили в обязательство с клятвою и проклятием — поступать по закону Божию... и соблюдать и исполнять все заповеди Господа Бога нашего, и уставы Его и предписания Его; ...а в седьмой год оставлять долги всякого рода. И поставили мы себе в закон давать от себя по трети сикля в год на потребности для дома Бога нашего: на хлебы предложения, на всегдашнее хлебное приношение и на всегдашнее всесожжение, на субботы, на новомесячия, на праздники, на священные вещи и на жертвы за грех для очищения Израиля, и на все, совершаемое в доме Бога нашего» (Нех.10:29-33).

***

В течение шести столетий эпохи Второго Храма (536 до н.э. - 70 н.э.), невзирая на большие лишения, испытываемые всем народом, Субботний год исполнялся шире и регулярнее, чем в эпоху Первого Храма.

Обычное и самое тяжкое лишение – острый недостаток продовольствия сразу после Субботнего года. Однажды подобная нехватка стала причиной сдачи армией Хасмонеев одного из городов Селевкидам. Хотя бедным Субботний год приносил некоторое облегчение, они при этом теряли привилегию выделяемой только им ежегодной доли урожая – ведь в седьмой год все выраставшее на полях и в садах становилось ничейным и общим.

Осознавая, что одна привилегия бедных, действующая раз в семь лет, выбивает из их рук другую, ежегодную, лидеры еврейской общины после возвращения из Вавилонии попытались поправить дело следующим изощренным способом, не нарушающим обе заповеди.

Поскольку заповедь Субботнего года действует только на территории, где проживают евреи, они после вавилонского пленения поселились не во всех приграничных городах. Одним из них был, например, древний Бет-Шеан, расположенный в исключительно плодородной долине близ реки Иордан. Такие незаселенные территории, принадлежа Иудее фактически, могли формально считаться «заграницей», где земли в Субботний год могли не оставлять под пар. Поэтому, как отмечает одна из книг Талмуда, в год «Субботы Бога» бедные могли по праву пользоваться своей долей урожая с полей вокруг этих незанятых городов.

Заповедь «покоя земли» в седьмой год продолжала широко исполняться и в последнее столетие Второго Храма, уже при римлянах. В итоге население страдало от недоедания, а то и голода, тогда как римляне недобирали подати. Надо отдать должное их губернаторам в то столетие. Они, по сообщению Иосифа Флавия в «Иудейских древностях», официально освобождали от налогов на год тех, кто соблюдал Субботний год, чтобы не создавать лишнего повода для гражданского неповиновения или бунта евреев. Так же поступил в 47 году до н.э. и Юлий Цезарь, когда, облагая возвращенный Иудее город Яффу крупным зерновым налогом, он предусмотрел освобождение от него в седьмой год.

Ситуация резко ухудшилась в столетия после Великого восстания 69-70 гг. и восстания Бар-Кохбы 132-135 гг., когда римляне не только в отместку, но также из-за недобора налогов отменили эти льготы. Общее налоговое бремя возросло столь сильно, что большинство земледельцев, чтобы выжить, выращивали, продавали и покупали урожай седьмого года.

Еврейские законоучители того периода всячески убеждали народ держаться заповеди, включая угрозу Божьих кар за ее нарушение, таких как изгнание, бедность и эпидемии. Помогало это мало, ибо трудная жизнь брала свое[52]. Чтобы поощрить соблюдение заповеди, мудрецы постановили не допускать ее нарушителей к свидетельствованию в суде. Однако частое повторение в Талмуде этой нормы скорее всего говорит о ее неэффективности.

Чтобы сохранить преимущества Субботнего года для бедных, раввинистические суды периода Мишны (1–2 вв.) нанимали агентов, которые конфисковали у въезда в города любую продукцию, выращенную в этот год и привезенную на продажу. Ее помещали в городских хранилищах для последующей раздачи бедным. А когда в этот год поспевали в садах смоквы (фиги), те же суды нанимали рабочих для их уборки (кстати, их урожай с дерева довольно приличный – от 20 до 100 кг). Их затем прессовали и распределяли в канун каждой субботы среди бедных семей. Так же поступали с урожаем винограда и оливок, чтобы запастись сырьем для выработки и раздач вина и масла.

Чтобы помочь не только бедным, но и всем соблюдающим заповедь крестьянам, также страдавшим от полуголодного существования, использовали древний прием формального исключения из пределов страны плодородных приграничных районов того времени, таких, как Ашкелон, Бет-Шеан, Кесария, где запрет полевых работ в Субботний год мог не соблюдаться.

Хотя следование заповеди продолжало сокращаться и в дальнейшем, обычай этот, невзирая на все трудности, был еще жив – все зависело от природных, семейных и экономических обстоятельств, а также от крепости веры. Кто-то мог соблюдать его в одном семилетнем цикле, пропустить следующий, чтобы спустя шесть лет вновь вернуться к древнему обычаю. Мудрецы говорили, что лучший способ узнать о таком «возвращении», это заметить

---

[52] *КЕЭ*, т.8, с.634

тех земледельцев, которые без ограничений допускают бедных в Субботний год в свои сады.

О том, что заповедь, несмотря на ее тяжкое бремя, соблюдалась многими в Иудее и после разрушения Храма, свидетельствовал римский историк Тацит (58–117 гг.), хотя и в насмешливой манере, так как иудеев и их религию плохо знал, или не понимал: «Они и отдыхать любят в седьмой день, как говорят, потому, что на седьмой день кончились их муки; со временем безделье стало казаться им все более привлекательным, и теперь они проводят в праздности каждый седьмой год»[53].

Несколько поколений спустя (примерно в 199–219 гг.) столь влиятельный национальный лидер, как рабби Иегуда Га-Наси, зная о крайних трудностях соблюдения заповеди, пытался обойти законы, связанные с ее исполнением. Он, например, разрешил продажу овощей сразу после окончания седьмого года и ввоз продовольствия из диаспоры в течение всего года. Но при попытке полностью отменить соблюдение года «покоя земли» был остановлен протестами большинства мудрецов. Его сын Гамлиель III, сменивший отца на посту патриарха, был более успешен, сняв некоторые строгости закона.

Наконец, когда Диоклетиан (284–305 гг.), чтобы содержать огромную армию и бюрократию, усилил налоговое бремя по всей империи, ситуация в Иудее и Галилее стала столь тяжелой, что, как сообщается в Талмуде, лидер еврейской общины рабби Яннай дал разрешение еврейским земледельцам «выйти в поле и сеять в Субботний год из-за невыносимых налогов». Но видно этот декрет еще долго не исполнялся всеми и повсеместно – достаточно много евреев добровольно продолжали исполнять заповедь о седьмом годе. Талмуд свидетельствует, что они неоднократно вызывали насмешки неевреев, например, греков Кесарии, когда перед ними разыгрывали сатирические сценки на эту тему.

---

[53] К. Тацит, *Сочинения*, том 2, История, Научно-изд. центр "Ладомир", М., 1993, 5:4.

Когда сельское хозяйство в Иудее перестало быть основным занятием евреев, роль продовольственных традиций Субботнего года в еврейской благотворительности стала еще меньшей. Да они и не играли никогда крупной роли в поддержке бедных плодами полей и садов – все-таки раз в семь лет, да и то нерегулярно. Им, как и натуральной десятине бедняка, постепенно пришли на смену другие источники и методы помощи[54].

***

У заповеди Субботнего года было еще одно свойство, прямо не связанное с запретом полевых работ и сыгравшее в древности весьма важную роль в смягчении социального неравенства.

Это была *отмена,* точнее – *прощение долгов*: «В седьмой год делай прощение. Прощение же состоит в том, чтобы всякий заимодавец, который дал взаймы ближнему своему, простил [долг] и не взыскивал с ближнего своего или с брата своего, ибо провозглашено прощение ради Господа» (Втор. 15:1-2).

От этой заповеди, конечно, выигрывали все должники, но особенно облегчалось положение бедных – в их пользу раз в семь лет происходило заданное Свыше перераспределение собственности за счет богатых.

О том же, но иначе, писал Филон Александрийский: библейское прощение долгов внушало бедным, что они раз в семь лет могут владеть, как своим собственным, тем, что принадлежит другим.

Столетиями позже один из талмудических рабби выразил эту идею в своем наставлении богатым так: «Дай им [бедным] то, что принадлежит Ему [Богу], потому что ты и все твое есть Его»[55].

Хотя обычай прощения долгов возник сравнительно поздно (первое упоминание о нем – во Второзаконии), он отражает весьма древнюю традицию не только иудеев, но

---

54 Loewenberg, упом. соч., с. 103–106.
55 Loewenberg, упом. соч., с. 106–107.

и других ближневосточных народов. По этой традиции, ради сохранения единства племени и рода, нельзя полностью лишать землевладельца его, обычно наследственного, участка земли. Он, даже отданный в залог, считался его неотчуждаемой собственностью[56].

Как и требование оставлять землю под паром, предписание о прощении долгов тоже было трудно исполнить — немногие добровольно соглашались «поделиться», хоть и раз в семь лет, своей собственностью, отказавшись взимать долги или удерживать заложенную землю. Именно эти грехи богатых изобличали многие пророки, и прежде всего, Нехемия, когда евреи вернулись из Вавилонии, о чем уже говорилось ранее.

В эпоху Второго Храма, особенно в ее последние столетия, заповедь прощения долгов исполнялась еще хуже. Кроме естественного, хотя и противоречащего Торе, нежелания «делиться», сказались и другие обстоятельства.

С одной стороны, имели место злоупотребления должников. Находились люди, не обязательно бедные, которые использовали в своих интересах предписание Торы, гласившее, что нельзя отказать в ссуде из-за приближения Субботнего года. Они просили в долг незадолго до его наступления с тем, чтобы сразу же избавиться от долга. С другой стороны, напуганные этим заимодавцы переставали давать в долг накануне седьмого года всем, включая бедных.

Все это нередко угрожало общим расстройством экономической жизни, основанной теперь, в отличие от библейских времен, в гораздо большей мере на деньгах и кредите. Но особенно тягостной и невыгодной стала эта ситуация для бедных крестьян. Когда они не могли получить ссуду под временный залог земли для покупки орудий, скота или семян, они нередко вынуждены были продавать ее навсегда.

---

[56] *КЕЭ*, т.8, с. 633.

При Гилеле Старшем, главе Синедриона в эпоху Ирода (37 г. до н. э. – 4 г. до н. э.) и основателе династии патриархов, руководивших еврейской общиной Иудеи на протяжении 4 столетий, ситуация эта стала особенно нетерпимой[57]. Решение, найденное знаменитым мудрецом, оказалось одновременно простым и изощренным. Поскольку Тора требует отмены долгов в Субботний год именно от частных лиц, следует оформить передачу прав на получение этих долгов еврейским судам (Бет-динам), которые уже могут взыскивать их не только в седьмой год, но и позднее – в зависимости от обстоятельств дела.

Этому правовому механизму Гилель присвоил имя «прозбол», который, по данным Лоувенберга, ссылающегося на комментарии Мишны к Торе, происходит от сочетания арамейских слов «бедный-богатый», отражая тем самым социальное значение подхода Гилеля. Подход этот был в дальнейшем использован им самим, его преемниками и последователями, чтобы примирить и другие строгие законы Библии с властными требованиями реальной жизни.

Земля, долги и Юбилейный год

Верните наследникам землю предков!

У древних евреев было еще одно средство смягчения социального неравенства – привилегии Юбилейного года, относящиеся к наследственным землям и домам.

---

[57] Вот как оценила эту ситуацию Еврейская Энциклопедия Брокгауза и Эфрона в своей статье о Гилеле: «... гуманный закон Торы об аннулировании долгов, благодетельный при чисто земледельческом строе, когда человек прибегает к займу лишь в исключительных случаях болезни и неурожая, стал совершенно непригоден при более сложной культуре времен Гиллеля с развитием торговли и промышленности, которые, конечно, отнюдь невозможны без широкого кредита в стране».

Если по каким-либо причинам они все же были проданы или не вернулись к их собственникам в Субботний год, когда прощались долги, у них (скорее у их наследников...) оставался твердый шанс вернуть себе собственность в Юбилейный год. Он следовал за семью подряд Субботними годами и, таким образом, становился 50-м годом в этом большом временном цикле.

В чем было основание этой надежды? Как мы уже знаем, в древности евреи верили, что настоящим собственником всех земель является Бог, как о том сказано в Книге Левит: «Землю не должно продавать навсегда, ибо Моя земля: вы пришельцы и поселенцы у Меня» (25:23).

Поэтому те, кто владеет какими-либо земельными участками, являются лишь их временными управителями. Их право продавать землю строго ограничено: им позволено продавать наследственный участок лишь в случае крайней бедности. Но даже если им пришлось это сделать, такая продажа не считалась бесповоротной. У их родственников было право, а по мнению некоторых законоучителей Талмуда, и обязательство выкупить ее обратно.

Вот как выражены эти требования в Книге Левит: «Если брат твой обеднеет и продаст от владения своего, то придет близкий его родственник и выкупит проданное братом его; если же некому за него выкупить, но сам он будет иметь достаток и найдет, сколько нужно на выкуп, то пусть он расчислит годы продажи своей и возвратит остальное тому, кому он продал, и вступит опять во владение свое; если же не найдет рука его, сколько нужно возвратить ему, то проданное им останется в руках покупщика до юбилейного года, а в юбилейный год отойдет оно, и он опять вступит во владение свое» (25:25-28).

Выкуп наследственной земли родственниками и автоматическое ее возвращение собственнику являлись, по мнению Лоувенберга, двумя самыми радикальными средствами борьбы с бедностью, выработанными древней аграрной общиной Иудеи. Пока эти «заповеди-стратегии» в ее ранней истории соблюдались, они эффективно сдерживали обезземеливание мелких земледельцев, а если оно и наступало, то было ограничено относительно коротким периодом жизни одного поколения.

Поэтому-то остальные библейские заповеди о поддержке бедных – о доле урожая, десятине бедняка, поддержке в Субботний год и другие (можно назвать их «тактическими») были более или менее достаточны, чтобы поддержать сравнительно небольшое число людей, оставшихся без средств существования, до следующего Юбилея.

Продажу наследственной земли мудрецы считали последним средством избежать бедности. В Палестинском Талмуде рассказывается о церемонии, бесчестящей человека, который решился или вынужден был это сделать. Накануне продажи участка родственники владельца разбивают глиняные кувшины с прожаренным зерном и орехами перед детьми, которые, собирая по зернышку и орешку, выкрикивали: «Смотрите все – он избавляется от земли своих предков!»[58].

У ближайших родственников обнищавшего еврея мог быть и эгоистичный интерес в этой позорящей несчастного процедуре, возможно, имеющей целью предотвратить продажу его участка земли. Ведь согласно Торе, это им или их потомкам предстояло его выкупить, чтобы вернуть ее своему родственнику или его наследникам. Но и у мудрецов, создавших эту «церемонию позора», были свои резоны – они, не желая обнищания члена общины, которому теперь эта община вынуждена будет помогать, хотели перед всеми обесчестить сам акт продажи наследственной земли.

Если земля все же была продана, бывший владелец имел право, как минимум, два года обрабатывать ее. Лишь после этого ближайший родственник мог приступить к ее выкупу, компенсируя покупателю пропорциональную

---

58 Loewenberg, упом. соч., с. 108.

долю начальной цены. Если, например, участок был куплен за 10 лет до наступления Юбилея за 100 денежных единиц, то он мог быть выкуплен за 75 единиц[59].

Выкуп земли ближними родственниками был широко распространен в Иудее до конца эпохи Первого Храма, а, возможно, и позднее. Об этом упоминает пророк Иеремия как раз накануне его разрушения вавилонянами, случившемуся в 586 до н.э. — ему самому пришлось выкупить поля своего племянника, о чем имеется его подробный рассказ (Иер. 32:6-16).

О том же говориться и в книге Руфь, хотя и освещающей события эпохи Судей, но, как считают, написанной и отражающей реалии более позднего времени. В книге идет речь о том, как богач Вооз, глава семейства из колена Иуды, выкупает земли своего умершего на чужбине племянника Елимелеха в пользу его вдовы Ноеминь и ее невестки Руфь, прабабушки царя Давида (4.6-10).

По-другому регулировались Торой и Талмудом продажа и выкуп наследственных участков и домов внутри городов, окруженных стенами.

Дома эти можно было выкупать лишь в течение 12 месяцев после продажи. И если этого не случалось, дом становился постоянной собственностью покупателя. Этот закон действовал вплоть до времени правления Ирода, когда его исполнение зашло в тупик из-за хитрого обычая, тогда широко практиковавшегося.

Покупатель накануне истечения годичного срока исчезал из города, чтобы продавец, решивший, наконец, выкупить свой дом, не смог совершить с ним обратную сделку. Чтобы управиться с нарушителями закона, Гилель Старший вновь применил упомянутый ранее механизм

---

[59] Вот тому объяснение. В этот 10-летний период имеется лишь 8 урожайных лет, так как на 42-й и 49-й годы 50-летнего юбилейного цикла выпадают два Субботних года. Следовательно, цена ренты земли в год, когда она приносит урожай, составит не 100:10 = 10 единиц, а 100:8 = 12,5 единиц, а за все восемь лет — 75 ед.

«прозбола», издав декрет, по которому начальный собственник мог выкупить свой дом обратно в течение всего года, если он передавал деньги за него судьям, принимавших их от имени покупателя на годичное хранение. Трудно судить о том, много ли бедных выиграло от этого «обхода» библейского порядка. Считают сомнительным, чтобы они могли за один год собрать деньги на обратный выкуп своего городского дома — ведь продавали они его, скорее всего, из-за крайней бедности.

Между тем, выкуп сельской земли и дома на ней был возможен почти всю жизнь — вплоть до Юбилея, когда их вообще можно было вернуть даром.

***

Как долго и насколько регулярно соблюдались «юбилейные» заповеди Торы о возврате наследственной земли, являвшиеся своего рода «покушением» (пусть по указу Свыше) на частную собственность?

На этот счет, как и в случае с нормами года Субботы, среди историков нет единого мнения. Несомненно, возврат наследственной земли спустя 5-10, не говоря уже о 50 годах, после того как кто-то другой на законных основаниях владел ею, должен был — по мере развития товарно-денежных отношений, особенно в период эллинизации Иудеи — встречать все большее сопротивление знатных и богатых.

Оно могло стать особенно успешным еще и потому, что, начиная с эпохи Второго Храма, законы Юбилея рассматривались как постановления Синедриона, а не только лишь как установления Торы, что позволяло вносить в них определенные послабления (в том числе и те, что касались «долговых законов» Субботнего года).

Правда, Иосиф Флавий (Древ. 3:12) сообщает, что законы Юбилея соблюдались и в эпоху Второго храма. Но поскольку в его изложении эти законы несколько отличаются от библейских и талмудических, историки заключают, что они в эту эпоху соблюдались лишь частично[60].

---

[60] См. *КЕЭ*, т. 10, с. 789–790.

По мнению же талмудических авторов, его полное исполнение прекратилось еще в эпоху Первого Храма. Так, некоторые мудрецы считали, что это случилось еще в 8 веке до н.э., когда три из 12 израильских колен (Реувена, Гада и частично Менаше) были уведены Ассирией в плен из своих наследственных земель в Заиорданье. Вот каков их аргумент. Заповедь о Юбилее изначально ввели, чтобы сохранить установленное Моисеем распределение уделов между израильскими коленами, а раз некоторые из них «из-за грехов» потеряли свои земли, то, мол, и законы Юбилея не должны были исполняться.

Другие, не отрицая этого обоснования, полагали, что Юбилей соблюдался еще примерно 200 лет – вплоть до вавилонского изгнания племен Иуды и Вениамина. Во всяком случае, пророк Исаия, живший в последние десятилетия 8 века, упрекает тех, кто не соблюдает законы Юбилея, и тем подтверждает, что они исполнялись лишь частично.

Юбилейный год в древней Иудее объявлял Великий Синедрион (Высший религиозный суд), существовавший в тех или иных формах, как считают, со времени Второго Храма. Сигналом к его началу был трубный звук шофара в Йом-Кипур, день всеобщего покаяния, наступающий через 10 дней после Рош Га-Шана – еврейского Нового года (обычно в сентябре-октябре).

Именно с этого момента отменялись акты продажи наследственной земли, и те, кто их соблюдал, возвращали ее без всякой оплаты начальному собственнику или его наследникам, независимо от того, сколько лет прошло с времени продажи – 2 года или все 49 лет. Так как этот закон был хорошо известен, цена продажи участка и дома на ней всегда отражала число лет, в течение которых покупатель мог их использовать до наступления Юбилея.

***

Когда бы соблюдение этих библейских законов, призывающих к социальной справедливости, ни прекратилось, мечты об идеальном обществе, основанном на заповедях Юбилейного года, еще долго жили в памяти евреев.

Сильнее всего проявились они в среде иудейских сект, особенно, в кумранских общинах, живших уединенно в горах западного побережья Мертвого моря. Считается, что именно в их среде, ставшей одним из истоков иудеохристианства, могла появиться так называемая «Книга Юбилеев», в которой библейские события, начиная с книги Исхода, модернизированы и датированы заново с распределением по циклам Субботних и Юбилейных годов (ее нередко называют «Малым Бытием»).

Хотя Книга Юбилеев, как и многие апокрифические, то есть «посторонние» по отношению иудейскому библейскому канону, была отвергнута как еретическая еврейскими учителями периода Мишны, она позднее могла серьезно повлиять на литературу библейских толкований, проповедей и притч (мидрашей)[61].

Идея Юбилея в ее духовной форме – как праздничного года всеобщего прощения и отпущения грехов – была воспринята ранними христианами, а затем и отцами церкви. Но лишь в 1300 году папа Бонифаций VIII провел первый официальный христианский Юбилей, который в дальнейшем праздновался каждые 25 или 50 лет, сопровождаясь массовыми паломничествами в святые места, прежде всего, в Рим.

Нынче, празднуя свои личные юбилеи – к примеру «серебряные» (25 лет), «золотые» (50 лет) и «платиновые» (70 лет), всегда ли мы знаем о библейском происхождении этого обычая? О том, что он означал для древних евреев возвращение своей земли, отмену долгов и свободу от рабства. И тем самым – исполнение их мечтаний о социальной справедливости, введенной Законом Всевышнего.

---

[61] *КЕЭ*, т.10, с. 787–90.

Были ли древние евреи ростовщиками?

Мудрецы Талмуда сомневались в том, что милостыня деньгами или едой – наилучший способ помочь бедности.

Комментируя следующий псалом Давида: «Блажен, кто помышляет о бедном! В день бедствия избавит его Господь» (Псал. 41:2), они резонно замечали, что «помышлять» вовсе не значит обязательно «давать» и что долг богатого – «помыслить» о том, как наиболее эффективно помочь бедному. И тут на сцену древнееврейской филантропии выходят займ или участие в деле – нередко более конструктивные средства помощи, чем даровые подачки натурой или деньгами. Тора не раз заповедует давать бедным в долг и не требовать при этом «роста»:

«Если дашь деньги взаймы бедному из народа Моего, то не притесняй его и не налагай на него роста (Исх. 22:24). Или же таким образом: «Если брат твой обеднеет..., то поддержи его; ...серебра твоего не отдавай ему в рост и хлеба твоего не отдавай ему для [получения] прибыли» (Лев. 25:35-37).

Чтобы убрать сомнения насчет предпочтительности беспроцентного займа перед милостыней, еврейские мудрецы, например, знаменитый средневековый толкователь Торы и Талмуда Раши (1040-1105 гг.) из французского г. Труа, толковали слово «если» в этих заповедях, как «когда», считая, что Бог считал займ бедному не возможностью, а обязательством. Некоторые талмудисты наставляли богатых так: дайте бедному, чья гордость не позволяет брать милостыню, займ, даже если обоим ясно, что он, скорее всего, никогда не будет возвращен[62].

Бедные всегда одалживали у богатых, но далеко не всегда возвращали свои долги. Последствия же невозврата долгов радикально менялись с обновлением социальных и экономических условий.

---

[62] Loewenberg, упом. соч., с. 110–111.

Когда в библейские времена должник был не в состоянии вернуть ссуду, заимодавец мог попросить суд конфисковать у должника заклад или обещанное обеспечение ссуды, чтобы гарантировать себе постепенный возврат.

Позднее, когда и это не помогало вернуть долг, заимодавец присваивал заложенное поле, включая его в свое поместье, хоть это и противоречило заповедям Библии. Если же у должника больше не было земли, заимодавец мог просить суд разрешить долговое рабство, то есть принудить должника стать «рабом по контракту», чтобы тот отработал сам или с семьей свой долг.

Еще позднее, когда произошли дальнейшие перемены в экономике, и долговое рабство на несколько лет перестало быть выгодным, безнадежных должников стали продавать в чужеземное рабство.

✱✱✱

Требование Библии вообще не брать «роста», то есть, процента, относилось ко всем ссудам, независимо от того был ли заемщик бедным или богатым евреем.

Между тем в древнем мире, особенно на Ближнем Востоке, взимание ссудного процента было обычной практикой, установившейся задолго до появления израильских племен в древнем Ханаане в 13 веке до н.э. На восток от него, в Южной Месопотамии (Двуречье Тигра и Евфрата), откуда, кстати, родом библейский Авраам, кредит и процент, по данным историка древних финансов Уильяма Готцманна были повседневной практикой у шумеров еще 3—4 тыс. лет до нашей эры[63]. В Уре, родном городе Авраама, археологи обнаружили «финансовый квартал», где были сосредоточены дома торговцев, менял и заимодавцев, занимавшихся торговыми и кредитными сделками и соперничавших между собой.

Большинство из сотен тысяч глиняных клинописных табличек, найденных археологами вдоль берегов Тигра и

---

[63] William N. Goetzmann, *Financing Civilization,* forthcoming.
См. главу 1 книги на сайте автора:
http://viking.som.yale.edu/will/finciv/chapter1.htm

Евфрата и относящихся к 3 тысячелетию до н.э., являются текстами торговых и денежных контрактов, долговых расписок и аналогичных коммерческих документов. Готцманн позволил себе следующее шутливое предположение. Ноев Ковчег (если этот спасительный корабль, как утверждает библейская традиция, был построен в 2349 году со дня Сотворения Мира), мог сооружаться и снаряжаться за счет кредита под приличный процент, поскольку к этому времени в здешних краях уже имели место весьма развитые формы кредита, включая сложные проценты.

Кодекс законов царя Хаммурапи из Вавилонии, датируемый примерно 1700 годом до н.э., уже вынужден был ограничить ставку процента на денежный займ пределом в 20%, а на зерно в 33% из-за бесчинства кредиторов, обирающих клиентов, особенно среди бедных. В Ассирии обычная ставка для денежных ссуд составляла 25%, а для зерна – 50%. Наконец, в Птолемеевом Египте законный максимум был равен 24%, хотя фактически мог доходить до 50%[64].

При столь высоких ставках платы за кредит, обезземеливание и разорение крестьян и ремесленников были неизбежны, отчего бедность и нищета масс имели на Ближнем Востоке довольно широкое распространение. Поэтому строжайший запрет Библией процента на ссуды «братьям твоим» и разрешение брать плату за кредит с «чужеземцев», то есть с окружающих народов, можно считать, с одной стороны, необходимой социальной мерой против бедности, так как большинство заемщиков составляли евреи-бедняки, а с другой – логичной финансовой мерой поддержки зарождающейся среди народов-идолопоклонников нации единого Бога.

Последнему соображению нередко придают свойство «злодейского еврейского замысла», как об этом часто пишут на религиозных интернет-сайтах, разоблачающих ростовщичество. Брать с чужих и щадить своих – мол,

---

64 Loewenberg, упом. соч., с. 111.

именно так, экономическим оружием, а не духовной и военной силой были созданы на чужих землях древние Иудея и Израиль[65]. Однако обе эти меры, даже если предположить, что у избранного Всевышним Моисея или иных древних авторов Библии, они так именно и были «задуманы», действовали в полную силу лишь в раннюю эпоху.

Несмотря на строжайшее запрещение в Торе «роста» и «прибыли» по займам, у пророков можно найти много свидетельств частого пренебрежения этим запретом и среди «своих братьев» – жажде наживы присущ интернациональный характер, и она на определенных этапах социальной истории перестает отличать своих от чужих.

Иезекииль, еще находясь в Вавилонии, в своей книге проклинает тех, кто взимает процент, и предсказывает им преждевременную смерть (18:5-13). Разве требовалось бы столь жестокое пророчество, если бы нарушителей запрета было немного?

Спустя столетие, то есть после возвращения из вавилонского плена, другой пророк, Нехемия, отмечает тот же грех: «Были и такие, которые говорили: поля свои, и виноградники свои, и домы свои мы закладываем, чтобы достать хлеба от голода. Были и такие, которые говорили: мы занимаем серебро на подать царю [под залог] полей наших и виноградников наших; у нас такие же тела, какие тела у братьев наших, и сыновья наши такие же, как их сыновья; а вот, мы должны отдавать сыновей наших и дочерей наших в рабы, и некоторые из дочерей наших уже находятся в порабощении. Нет никаких средств для выкупа в руках наших; и поля наши и виноградники наши у других» (5:3-5).

Древнееврейский запрет и осуждение процента, прозванного впоследствии при любом его размере «ростовщичеством», были твердо усвоены христианством и исламом и оказывали, вплоть до 18 века, огромное влияние на развитие (лучше сказать, торможение) теории и практики

---

[65] См., например, публикации на сайте: reformation.org/moneychangers.html

финансов. Запрет этот не только вынуждал, но и поощрял их творцов – в обход церковных ограничений и преследований – к исключительной изобретательности, породившей многие современные финансовые понятия и инструменты.

Этот же, «придуманный» евреями для своей защиты, запрет ростовщичества ударил затем бумерангом по ним самим. Вытесненные в Средние века из земледелия и большинства ремесел и вынужденные заняться почти исключительно торговлей и ростовщичеством – профессиями, презираемыми в то время христианами, евреи, можно сказать, пали жертвой своей же библейской этики милосердия.

***

Запрет на процент, то есть бесплатность ссуды – это лишь один, хотя и главный, способ, который предлагает Библия, чтобы поощрить бедных занимать средства существования вместо того, чтобы просить милостыню. В ней предлагаются и другие средства поощрить богатых давать, а бедных принимать ссуды.

Первейшая забота – не делать ничего, что унижало или порочило бы бедняка, когда он просит в долг: «Если ты ближнему твоему дашь что-нибудь взаймы, то не ходи к нему в дом, чтобы взять у него залог, постой на улице, а тот, которому ты дал взаймы, вынесет тебе залог свой на улицу; если же он будет человек бедный, то ты не ложись спать, имея залог его: возврати ему залог при захождении солнца, чтоб он лег спать в одежде своей и благословил тебя, - и тебе поставится [сие] в праведность пред Господом Богом твоим» (Втор. 25:10-13).

Заклад под ссуду разрешено забирать только в том случае, когда она не возвращена в срок. Но и тогда заимодавец должен получить разрешение суда на изъятие обещанного заклада, причем само изъятие проводит судебный пристав, а не тот, кто забирает заклад. Не разрешалось брать в заклад орудия труда, например, жернов, дающий заемщику средства к жизни.

Когда общие экономические условия в Иудее ухудшились для обеих сторон, в Мишне были уточнены требования Торы. Если у бедного заемщика есть лишь два орудия труда, одно из них следует возвращать, как только оно ему понадобится. А вот, если он настолько беден, что владеет лишь одним «средством производства», например, плугом с ослиной упряжкой или столярным верстаком, или тем же жерновом, то ему следует возвращать его каждое утро без всякой просьбы.

Всегда ли мудрецы Мишны становились на сторону бедняка? Это не так, поскольку с ухудшением ситуации в экономике после 70 года н.э., спрос на заемный капитал резко вырос, тогда как масштабы его предложения значительно сократились. Нужно было поощрить богатых давать ссуды бедным не только внушением библейского милосердия и обещанием награды Свыше — следовало понудить бедных возвращать просроченные ссуды.

Теперь суды, куда обращались кредиторы, стали облегчать процедуру рассмотрения дела, приняв во внимание лишь данные под присягой показания свидетелей со стороны кредитора и не вникая, как раньше, в детали дела и обстоятельства заемщика.

Получение беспроцентной ссуды, несмотря на строгие предписания Торы и требования пророков всегда было нелегким делом.В столетия после разрушения Храма это стало еще более трудным предприятием. Тем не менее даже в Иерусалиме было немало богачей, дававших ссуды беднякам под проценты — и немалые.

Недаром мудрецы сравнивали еврея, дающего бесплатную ссуду бедняку, с тем, кто соблюдает все (а их более 600) заповеди Торы, вновь используя религиозно-этические средства поощрения. Ведь заповедь Торы о ссуде бедняку обращена к каждому богатому в отдельности, и в течение многих столетий ее получение было делом лишь двух человек — заемщика и заимодавца. Только ее возврат нередко требовал привлечения в качестве посредника суда.

Со временем стало очевидным, что для поиска источника и практического получения бесплатной ссуды также нужны посредники между богатым и бедным. Ими становятся кредитные общества, которые в Средние Века, как и в Новое Время существовали в каждой еврейской общине, где бы она ни находилась.

Как отмечает Лоувенберг, есть свидетельства появления прототипов таких обществ еще в античности, например, в египетской Александрии в какой-то период между 4 и 3 веками до н.э. Согласно найденному документу того времени, должники-евреи взяли на себя обязательство возвращать каждый месяц по 10 драхм некоему «фонду помощи», из которого они взяли в долг 140 драхм.

Хотя невозможно выявить, когда такие общества впервые появились в Иудее, но из Палестинского Талмуда определенно следует, что они уже действовали здесь во времена римского правления. А в 3 веке н.э., когда произошел резкий спад в экономике и усилилась инфляция, рабби Иоханан, один из патриархов Иудеи в ту эпоху, разрешил подобным «фондам» (но не отдельным лицам) выдавать ссуды под проценты – возможно, это были те самые кредитные общества, что выдавали бесплатные ссуды и пострадали из-за инфляции[66].

От персональной благотворительности – к общинной филантропии

Милостыня или «справедливостыня»?

Так была ли у древних евреев благотворительность и как ее трактовать? Этот вопрос до сих пор будоражит исследователей и практиков этой сферы и его стоит рассмотреть отдельно.

---

[66] Loewenberg, упом. соч., с. 113–114.

Опираясь на толкования заповедей Торы мудрецами Талмуда, многие специалисты приходят к заключению, что большинство мер помощи бедным, рассмотренных выше (прежде всего, такие как доля урожая, десятина бедняка и прощение долгов в Субботний год) не были персональными пожертвованиями, то есть дарами, *добровольно* отчуждаемыми богатыми для бедных.

Эти меры с древнейших времен считали реализацией заповедей о *праве* бедных на помощь и *обязанности* богатых помогать им – своего рода налогообложением богатых в пользу бедных, установленным не государством, а религией.

Возникновение же в древней Иудее понятия благотворительности, как мы ее понимаем сейчас, то есть, как института *добровольных* пожертвований, связывают с другой, также приведенной ранее, но по необходимости повторяемой здесь вкратце, заповедью из Второзакония: «Если же будет у тебя нищий кто-либо из братьев твоих, в одном из жилищ твоих, на земле твоей, ...то не ожесточи сердца твоего и не сожми руки твоей пред нищим братом твоим, но открой ему руку твою... ибо нищие всегда будут среди земли [твоей]; потому я и повелеваю тебе: отверзай руку твою брату твоему, бедному твоему и нищему твоему на земле твоей...» (15.7-11).

Талмудические мудрецы, комментируя заповеди Торы, установили, как утверждает Лоувенберг, что эта – фундаментальная *именно для благотворительности* – заповедь является дополнением к тем нормам, которые связаны с правом бедных на обязательную помощь.

Потому что, когда бедность стала массовой, обязательной помощи стало явно не хватать. Многие исследователи этой проблемы, толкуя по-новому текст именно еврейской Библии и тексты Талмуда, полагают, что как раз эта заповедь требовала от богатых добровольно поделиться с бедными. И что этот *персональный* вид их поддержки, о размере и получателе которой решение должен был принять каждый самостоятельно, и следует отнести к благотворительности, как ее понимают сейчас.

Для того, чтобы убедить богатых поделиться *по своей воле*, приведенная выше заповедь Второзакония многократно повторяется в других библейских книгах – в отличие от рассмотренных ранее заповедей об обязательной помощи, записанных в этих книгах лишь однажды, или дважды.

Среди исследователей этой проблемы существуют различные мнения о том, почему заповедь о добровольной помощи так часто повторяется в Библии и Талмуде. Одна группа исследователей утверждает – причина в том, что богатые нехотя исполняли ее. По мнению других, нужно было убедить богатого, чтобы он сам, *по своей инициативе и по своему выбору*, оказал помощь обедневшему члену своей общины или страннику. Тогда как, например, доля урожая оставлялась на поле или в саду для всех бедных, и каждый из них мог прийти туда и взять столько, сколько ему было нужно.

Настаивая на принципиальном различии библейских заповедей, касающихся права бедных на помощь, от тех, что требуют быть милосердным и щедрым от всех в иудейском обществе (даже от тех, кто беден) Лоувенберг проводит интересную аналогию с современной ситуацией в США. Здесь выплаты по социальным программам государства – это реализация права бедных на поддержку, установленного законом, принятым Конгрессом. Существующая же, наряду с этими программами, частная благотворительность (ее объем составил в 2012 году более 300 млрд. долл.) – это параллельная система добровольных пожертвований, в том числе, для бедных и нуждающихся, в которой по зову этики и религии участвуют (конечно, в весьма различных масштабах) почти все, а не только одни богатые[67].

Аналогия эта, конечно, весьма условна и нужна она лишь для уяснения отмеченного различия обязательной и добровольной помощи бедным в древней Иудее. Ведь в библейские времена поначалу вообще не было государ-

---

[67] Loewenberg, упом. соч., с. 115–116.

ства, а с его появлением в эпоху Первого Храма у правителей еще не могло быть ни понимания подобной социальной роли, ни нужных ресурсов, ни желания их распределять. Даже если они появлялись, как, например, при царе Соломоне.

Потому-то оба вида поддержки бедных – «по праву» (как в случае с долей урожая или с десятиной бедняка) и «по милосердию и щедрости» (поделись добровольно с ближним «по его нужде») – обе эти системы древней помощи нуждающимся стали религиозными и этическими нормами иудаизма, обращенными ко всем евреям.

***

В самой Библии не проводится различие этих двух видов помощи, как нет и терминов, их обозначающих. Общее понятие, охватывающее все виды помощи бедным, к примеру, понятие «благотворительность» или какой-либо его аналог, которым западный мир пользуется с христианских времен, в Торе отсутствует. Зато появляется такое общее определение в Талмуде – это *цдака*, буквальный смысл которого «праведность», или «справедливость».

Как в этом смысле следует толковать понятие цдаки? Относится ли оно лишь к видам помощи, являющимся правом бедных и обязанностью богатых, исключая их добровольные пожертвования, или ко всем видам помощи, включая последние, то есть и благотворительность? Поистине, талмудический вопрос!

Для многих нынешних мудрецов, занятых религиозным толкованием еврейского Закона, все виды еврейской помощи бедным, являются обязательной нормой, и они составляют цдаку. Она, говорят они, не имеет ничего общего с понятием благотворительность, ибо последняя «не соответствует нашему миропониманию», как утверждает, к примеру, раввин Борух Клейнер.

И вот в чем он видит разницу: «…, во-первых, цдаку мы даем не от щедрот наших, и, отнюдь не потому, что деньги карман тянут, а потому, что так велит Тора; во-вторых, нам, существам разумным и имеющим свободу выбора, Творец предлагает участвовать в распределении благ. То есть работать вместе с Ним. На языке Торы *мицва* (заповедь) и *цевет* (коллектив) – слова одного корня...»[68].

Вот еще одно аналогичное толкование цдаки: «...природа цдаки очень отличается от идеи благотворительности. Само слово «благотворительность» предполагает благосклонность и щедрость, великодушный акт, совершаемый людьми состоятельными на благо нуждающихся и бедных. Слово *цдака* происходит из иврита от корня слов *Цаде-Далет-Коф*, которое обозначает праведность, справедливость и чистоту. В иудаизме пожертвования бедным не рассматриваются как щедрый, великодушный акт: это просто акт справедливости и праведности, выполнение долга, когда бедным отдают должное»[69].

Краткая Еврейская Энциклопедия, в отличие от приведенных выше чрезмерно строгих толкований, не видит нарушения еврейского Закона в том, чтобы употреблять термин *цдака* как аналог современного светского понятия *благотворительность*. Однако отмечает, что *цдака*, являясь одним из основных предписаний иудаизма, имеет обязательный характер, подчиняясь, в отличие от добровольной христианской благотворительности, детальным инструкциям, записаными еще талмудическими мудрецами[70].

Наконец, еще один из современных исследователей истории иудаизма и комментаторов Торы, Арье Барац, предлагает еврейскую помощь бедным назвать, в отличие от христианского понятия «милостыня», интересным словом «справедливостыня», что, хотя бы по общему корню, сближает оба понятия...[71].

Если вспомнить о том, что некоторые из современных христианских историков и теологов, пытаются обрубить

---

[68] *Цдака. Есть ли у нас благотворительность?*
См. материал на сайте http://www.jewish.ru/tradition
[69] *Цдака – заповедь благотворительности.*
См. материал на сайте http://www.tsdaka.org/
[70] *КЕЭ*, т.1, с. 451.
[71] См. материал на сайте
http://www.machanaim.org/tanach/_weekly/ba_bhar.htm

иудейские корни христианской благотворительности, то попытки ряда еврейских толкователей проблемы соорудить непроницаемую стену между *цдакой* и *благотворительностью* отражают еврейскую сторону той же медали. А именно – отрицание исторической взаимосвязи и неизбежного взаимовлияния иудаизма и христианства на протяжении последних двух тысячелетий. И тем самым нежелание видеть прямое и косвенное (через христианскую традицию) влияние иудейского религиозного канона на современную западную филантропию.

Поэтому точка зрения современного израильского историка древнееврейской филантропии Лоувенберга, как и его современников и предшественников, пытающихся найти в еврейской Торе и Талмуде, а не только лишь у древних греков и римлян, истоки как христианской благотворительности, так и современной светской филантропии Запада, представляется более взвешенной и потому – продуктивной.

Зарождение и развитие общинных фондов

Благотворительность, как добровольное пожертвование, начала практиковаться в Иудее, по утверждению Лоувенберга, еще в период Первого Храма (после 9 века до н.э.) и вне общинных организаций, которых тогда еще просто не было. Каждый еврей обязан был помогать бедным. Ни община, ни ее лидеры, даже первые иудейские цари не были ответственны за этот вид поддержки бедных. Только этический долг, установленный Библией, обязывал каждого делать это лично.

Спустя столетия, чтобы не только удержать, но и поощрить эту новую форму помощи, начали устанавливать, как уже отмечалось, минимум пожертвований, поскольку добровольно мало кто из богатых хотел ее увеличивать соответственно возросшей нужде в помощи.

Но лишь с появлснием коллективных благотворительных фондов, куда стали – поначалу добровольно, по велению справедливости, затем по обычаю, наконец, по общинной обязанности – стекаться пожертвования (сначала лишь натурой, потом и деньгами), благотворительность, как ее понимают в наши дни, приобрела в еврейских общинах регулярный характер и необходимые масштабы.

Современные исследователи спорят о времени рождения коллективных фондов. Одни находят то в Торе, то в Талмуде косвенные свидетельства их появления еще до разрушения Второго Храма. Другие настаивают на том, что в Торе таких уверенных свидетельств нет и что рабби описывают в Талмуде практику коллективных фондов, возникшую через столетия после 70 г. Третьи предполагают, что в свитках Мертвого моря, обнаруженных в кумранских пещерах и относящихся к 1-2 вв. до н.э., особенно в «Дамасском Документе (Уставе)» одной из кумранских общин, есть явные подтверждения более раннего появления общинных фондов. Некоторые считают признаком раннего существования коллективных фондов помощи то обстоятельство, что первые пожертвования поступали сюда в натуре, а не деньгами, и что пожертвования в монетной форме стали широко распространяться лишь в последние столетия Второго Храма.

Наконец, есть историки, которые находят признаки появления таких фондов в эпоху Ирода. По свидетельству Иосифа Флавия, обращенные в иудаизм царь Изат и его мать Елена, правившие в 36–60 гг. в Адиабене, одном из влиятельных парфянских царств в верхнем течении Тигра, установили прочные связи с Иудеей. В неурожайные годы они серьезно помогали Иерусалиму, особенно его беднякам, продовольствием, прежде всего, зерном. Талмуд с некоторой эйфорией сообщает, что их наследник Монобаз II израсходовал на эти цели все свои средства и сокровища, собранные его предками.

Мудрецы указывают при этом, что цари Адиабены передавали средства для этой помощи в руки «правителей города», которые, по обычаю глав эллинистических и римских городов, распоряжались общественным фондом помощи своим гражданам. Любопытно, что к концу 2 века н.э. иудаизм, по-видимому, прочно укрепился в Адиабене. Христианство, которое сначала распространялось в уже существовавших еврейских общинах, было позднее воспринято и здесь – с усвоением, надо полагать, и традиций еврейской благотворительности[72].

Суммируя имеющиеся в его распоряжении свидетельства и мнения, Лоувенберг приходит к заключению, что начальные формы общинных фондов, такие, например, как сосредоточение пожертвований у религиозных лидеров или почитаемых членов общин, у правителей города или деревни, возникли задолго до разрушения Второго Храма и римской оккупации – примерно, во 2-1 вв. до н.э.

Уже тогда потребность в регулярных фондах помощи стала столь острой, что на фоне интенсивной эллинизации Иудеи, был использован и опыт греческой филантропии, по которому правители городов несли ответственность за поддержку своих бедных граждан[73].

Прообразом коллективного сбора и распределения пожертвований иногда считают упомянутые в одной из книг Талмуда две «тайные кладовые», отведенные во Втором Храме – одна для добровольных приношений богатых, другая для нуждающихся бедных. Известно лишь, что бедные, заслуживавшие поддержки за счет этих пожертвований, могли сами прийти во вторую кладовую и взять то, что им нужно, не испытывая стыда оттого, что их увидят другие.

Нет, однако, сведений ни о том, когда эта практика началась и когда прекратилась, ни о том, как определялись «заслуги» бедняка, дающие право на вход. Известно лишь, что служители Храма только предоставляли помещения, но не управляли сбором и распределением, поскольку в то время еще сохранялась опора на индивидуального дарителя и получателя.

---

[72] *КЕЭ*, т. 1, с. 53.
[73] Loewenberg, упом. соч., с. 117–119.

По мнению не только Лоувенберга, но и Фриша, другого известного историка еврейской филантропии, практика добровольной централизации сбора и неунизительного для бедных распределения пожертвований была после разрушения Второго Храма возобновлена поначалу в крупных синагогах главных городов Иудеи, но постепенно исчезла и здесь[74].

Однако, сама идея, стоящая за созданием «тайных кладовых» – жертвовать для бедных и подавать им милостыню, не унижая их – продолжала широко пропагандироваться в талмудической и раввинистической литературе. Мудрецы ценили тех, кто жертвует скрытно, приравнивая их по праведности к самому Моисею, а также говорили, что лучше не жертвовать ничего, чем, жертвуя, унижать.

Поиски новых методов помощи растущему числу бедных шли еще в конце эпохи Второго Храма. Мудрецы школы Гилеля предложили на стыке старой и новой эры хоть и небольшое, но существенное дополнение к персональной благотворительности.

Был выпущен декрет, разрешающий богатым кормить бедных овощами, от урожая которых не отделена десятина. Тут соединились отмеченное ранее нежелание многих отделять десятины вообще и то, что продукты с неотделенной десятиной, как «нечистые», были дешевле. Рабби полагали, что этим постановлением они поощрят богатых отдавать эту «нечистую» и потому малодоходную в то время еду тем, кто в ней крайне нуждается.

Вероятно, коллективные фонды городских сектантских общин 2-1 вв. до н.э., о которых уже упоминалось, когда шла речь об эволюции библейской «десятины бедняка», были первым образцом общинных организаций помощи бедным в древней Иудее.

---

[74] Loewenberg, упом. соч., с. 119;
Ephraim Frish, *An historical survey of Jewish Philanthropy*, New York, 1924, с. 37.

Недостаток документальных свидетельств того периода не позволяет определить, были ли эти фонды сектантских, и скорее всего, уже иудеохристианских общин, лишь прототипом, усвоенным позднее нормативным иудаизмом, или они отражали уже существовавшую тогда общую практику коллективной еврейской благотворительности[75].

***

В период 2-1 вв до н.э., особенно после оккупации Иудеи римлянами в 63 г. до н.э., стало окончательно ясно, что библейская система персональных пожертвований, как обязательных, так и добровольных, не может справиться с проблемой массового обнищания населения.

Считается, что именно тогда – в дополнение к этой системе персональных пожертвований – появились два типа общинных организаций помощи бедным, сведения о развитых формах которых стали, однако, известны позднее.

Первые и наиболее массовые организации – *общинные столовые* (на иврите – *тамху*) были созданы почти в каждом городе и деревне. В них кормили дважды в день бедных, не проживающих здесь, или тех, кто недавно сюда переехал. Сначала им выдавали лишь буханку хлеба на день, в дополнение к которой каждый должен был добывать еду сам – на поле и в саду из доли урожая, оставляемой для бедных.

Позднее, когда этой доли перестало хватать на всех, а существовать долго на одном хлебе, как известно, нельзя, к нему стали добавлять оливковое масло и бобовые, в субботу – рыбу и овощи, а в дни постов – фиги. По современным меркам, это крайне скудная пища, но в античности она сильно не отличалась от питания большинства людей

---

75 Loewenberg, упом. соч., с. 120.

(не только бедных, но и многих состоятельных), повседневный рацион которых состоял из хлеба, рыбы, оливкового масла и вина[76].

Каждый путник или вновь прибывший мог получить в общинной столовой еду, если он не предпочитал просить милостыню в домах жителей. Значит, обе системы помощи – персональная и общинная – сначала существовали параллельно.

Сбор средств для общинной столовой был на первых порах добровольным, но затем стал обязательным, и в нем участвовали все жители деревни (города), проживающие здесь больше 30 дней. Средства эти, сначала натурой, позднее деньгами, собирали ежедневно три смотрителя столовой, назначенные общиной.

Второй коллективной формой поддержки бедных стал *общинный фонд помощи* (на иврите – *куппах*), предназначенный для еженедельной поддержки бедных жителей деревни или города.

Фонд *куппах* считался более важным, чем *тамху*, поскольку он поддерживал большее число бедняков. Талмуд запрещал ученому рабби жить в городе, где не было такого фонда, потому, в частности, что без его поддержки рабби не на что было бы жить. Да и как учить тех, кто недоедает или голодает?

Два смотрителя были назначены для сбора средств в *куппах*, и собирали они их у всех, кто проживал в городе больше трех месяцев. Существовали критерии получения обоих видов помощи. Столовой мог пользоваться путник, не имевший средств, чтобы прокормиться дважды в день, а фондом помощи – тот житель, который не имел средств на 14 приемов пищи в неделю.

В послебиблейской литературе упоминается также о существовании еще одного общинного фонда – для покупки приданного невестам-сиротам, средства для которого

[76] Mikhail I. Rostovzeff, *The Social and Economic History of the Roman Empire*, Oxford, 1953, v.2, pp. 1177–78.

могли собираться параллельно смотрителями фонда *куппах.*

В период, переходный от индивидуальной благотворительности к общинной филантропии, бедный человек имел выбор: пользоваться традиционной помощью, то есть ходить по домам, собирая милостыню, или обратиться в общинную столовую или фонд.

Сначала смотрели снисходительно на тех, кто после сбора милостыни по домам, отправлялся в столовую общины, или наоборот – получал помощь у общины, затем ходил по домам. Вскоре было решено, что каждый нуждающийся должен выбрать лишь один из двух способов выживания.

Многие рабби настаивали на том, что, если человек, воспользовавшись общинным фондом, все же пришел просить к чьей-то двери, следует ему дать хоть немного еды – а вдруг он все еще голоден, или хочет добыть еду для ближнего, или запасти ее впрок?

В Талмуде приведено много аргументов за и против таких ограничений, и споры по этому поводу, как и практика использования в нужде ряда источников помощи, продолжаются до сих пор, оставляя, в конце концов, решение этой проблемы на совести нуждающегося человека[77].

***

Какова была организация описанных общинных учреждений в древности?

Предполагают, что вначале ответственным за них был светский глава или председатель синагоги – главного общинного учреждения древности в диаспоре и в Иудее после Второго Храма. Затем стал назначаться особый глава общинных фондов, отвечающий за сбор и распределение благотворительных средств. В Вавилонском Талмуде его именуют – *габбай,* или *габбай-цдака,* то есть ведающий благотворительностью, а в Иерусалимском Талмуде – *парнасс.*

---

77 Loewenberg, упом. соч., с. 123.

Они становились «смотрителями бедных» – одна из самых почетных и, вместе с тем, строго контролируемых общинных должностей, которую обычно занимали миряне, а не религиозные деятели.

Впоследствии общинные фонды стали возглавлять управляющие-профессионалы, владевшие эффективными приемами сбора средств. Чаще всего, это были публичные призывы делать пожертвования, с которыми они обращались к членам общины по субботам в синагогах. Сначала здесь же собирали и деньги, но, чтобы не иметь с ними дела в святую субботу, стали принимать лишь обещания с указанием сумм пожертвований, собираемых затем смотрителями по домам в течение недели.

Но, как водилось и в древности, а не только в наши дни, не все исполняли свои обещания. В книгах Талмуда, начиная с 1 века н.э., описано немало случаев подобного греха, как и угроз раввинов наказать грешников. Например, передать задолжавших римским властям, наслать на их поля засуху, приравнять грех неисполнения обещаний к идолопоклонству, супружеской измене, убийству, за которые полагалась смерть, и прочие устрашающие кары.

Член общины, отказываясь даже частично помогать бедным, рисковал многим – не только репутацией, но и имуществом, поскольку обещанная сумма по решению религиозного суда могла быть взыскана принудительно. Виновник по решению того же суда мог быть и выпорот, а если и это не помогало, все его имущество могло быть конфисковано. В Талмуде, по утверждению его знатоков, нет, однако, свидетельств, что эти суровые меры широко применялись. Многие из них носили скорее стимулирующий характер, хотя могли и исполняться – этика иудаизма, как известно, крайне требовательна, особенно, когда речь идет о нарушении библейских заповедей.

Кстати, у римских богачей, занимавших какой-либо публичный пост с обязательством, например, за свой счет ввозить и раздавать бедным согражданам дешевое зерно, возникали сходные проблемы. Народное собрание могло отдать их под суд с конфискацией имущества в пользу общинных нужд, в том числе и для бедных граждан.

5. От благотворительности – к филантропии

Этика Библии и Талмуда требовала не только прямой поддержки неимущих и страждущих, она призывала к гуманизму и социальной справедливости также в других сферах сурового человеческого существования в древней Иудее и диаспоре:

- защищать работающих – гуманное отношение к работникам, выдача им заработка в срок, ограничение времени работы;
- исключать пожизненное рабство единоверцев (как мы уже знаем, каждые 7 лет продавший себя в рабство за долги должен был получить свободу) и освобождать силой или выкупом тех, оказался в вынужденном рабстве у иноверцев;
- соблюдать законы гостеприимства для всех (не только лишь еврейских) бедствующих странников – создание приютов при синагогах и кормление путников в общинных столовых;
- дать всем мальчикам с 6-7 лет, включая детей бедняков, элементарное еврейское образование: дома – под началом отцов, а начиная со 2 века до н.э. также и в религиозных школах, образуемых по приказу общинных властей в каждой деревне и городе;
- навещать и оказывать посильную помощь больным, что из-за примитивного уровня медицины и отсутствия каких-либо публичных лечебных учреждений в древней Иудее и диаспоре, являлось обязанностью каждого еврея;
- защищать и проявлять особую заботу о вдовах и сиротах – требование, повторяемое многократно в Библии

и Талмуде и отраженное во многих реальных мерах и установлениях царей, патриархов и мудрецов.

Как перечисленные этические требования отражены в иудейской религиозной литературе и как они осуществлялись на практике?

Правовая защита работников

В подавляющем большинстве античных обществ каждый, кто добывал средства существования собственными руками, обычно был объектом насмешек и пренебрежения. Практически все виды труда, кроме как на поле битвы, а также в религиозных, интеллектуальных и управленческих сферах, считались в древней Греции и Риме презренным занятием – это был удел бедняков, чужестранцев, рабов и вольноотпущенников.

Иным было *отношение к труду* в древнем иудаизме – любая работа, дающая средства к жизни, почти всегда оценивалась позитивно[78]. Начать с того, что четвертая из десяти библейских заповедей требует не только отдыха на 7-й, субботний, день, но и велит работать, как это делал Бог, создавая мир, в остальные 6 дней (Исх. 20:9).

Об этом имеются многочисленные упоминания и настояния в других книгах Библии и в трактатах Талмуда. Труд был, таким образом, не просто почитаемым, но и освященным Богом занятием. В свою очередь, праздность считалась грехом, нередко ведущим к грабежу, продажности и аморальному поведению. Работа, даже самая тяжелая, презренная и холопская, признавалась предпочтительней, чем зависимость от благотворительности.

Человек, зарабатывающий на жизнь трудом, почитался больше, чем тот, кто был лишь «боящимся Бога». Труд почитался столь высоко, что от работников не требовали прерывать их занятия для исполнения некоторых религиозных заповедей, не обязаны они были отвлечься от

---

[78] Loewenberg, упом. соч., с.127

них и для произнесения своих молитв или вставать при появлении ученого рабби, как это требовалось от всех других.

Библия предупреждала нанимателей о *недопустимости чрезмерной эксплуатации и угнетения* своих работников: «Не обижай наемника, бедного и нищего... В тот же день отдай плату его, чтобы солнце не зашло прежде того, ибо он беден, и ждет ее душа его...» (Втор. 20:14-15).

Частые призывы к такому же обращению имеются и в Талмуде – значит, были к тому в еврейской среде, как и в других древних обществах и культурах, многочисленные поводы. Эксплуатация масс и в древней Иудее стала неизбежным следствием усиливающегося социального неравенства. И все же, по свидетельству известного немецкого историка древнего иудаизма и раннего христианства Мартина Хенгеля, для нее был характерен более высокий уровень социальной ответственности тех, кто использовал труд наемных работников и рабов[79].

Стачки, принудительные меры, включая штрафы, трудовые споры, бунты рабов были обычным делом во многих древних обществах, но редко случались в Иудее, ввиду, по его мнению, более гуманного обращения с работниками и рабами. Исток подобного обращения – в еврейском Законе, который, вводя ряд ограничений права частной собственности, поддерживает и поощряет гуманность в трудовых отношениях. Особенно важной стала такая защита для городских работников в тот период, когда в Иудее резко упала роль сельского хозяйства в экономике.

Исследователи находят в Библии и Талмуде специальные нормы, помогающие экономически слабым слоям общины сохранить свою материальную независимость, не впасть в хроническую бедность и зависимость от благотворительности[80].

---

[79] См. Martin Hengel, *Judaism and Hellenism: Judaism and Hellenism: Studies in Their Encounter in Palestine During the Early Hellenistic Period*, 2 vol., Philadelphia, 1973.

[80] Loewenberg, упом. соч., с. 128–30.

Одной из важнейших мер защиты наемных работников была *своевременная выплата заработка*. В трактате Вавилонского Талмуда, посвященном разным видам ущерба, в том числе взаимным претензиям работников и нанимателей, говорится: «тот, кто задерживает плату работника, подобен тому, кто лишает его жизни» (ВТ Бава Мециа 112а).

Но не талмудические мудрецы первыми изрекли это суровое суждение. Столетиями раньше иудейский моралист Бен-Сира так сказал о том же: «Убивает ближнего, кто отнимает у него пропитание, и проливает кровь, кто лишает наемника платы» (Бен-Сир 34:22).

Кроме нарушения заповедей Торы, писали мудрецы, не платить вовремя зарплату – это не в интересах и самого работодателя. Ее задержка не только не обогатит его, но может, в конце концов, из-за плохих отношений с работниками разорить его. Если библейская заповедь о своевременной оплате касалась лишь наемного работника, то учителя Талмуда распространили ее требование на всех работающих. Всем следует отдать зарплату сразу по окончании трудового договора, какова бы ни была его продолжительность – день, неделя, месяц. Это защищало обе стороны, особенно в тех случаях, когда доход поступал не ежедневно.

Когда распространились чеканные деньги, мудрецы специально оговаривали право работника, нанятого за деньги, получать плату именно деньгами, а не натурой.

Когда в Талмуде обсуждались *права и льготы работников*, его авторы, как правило, становились на сторону работников, а не нанимателей.

Считалось предосудительным заставлять первых приступать к работе до восхода солнца и заканчивать ее после заката, если местный обычай или договор этого не предусматривал. Работникам в поле и саду дозволялось – как Библией, так и Талмудом – питаться плодами урожая, пока они там находятся, но было запрещено собирать их и уносить домой.

Некоторые иудейские секты, как свидетельствуют кумранские свитки, расширили это право, разрешив делать это бедным во время сбора урожая. Если работник утверждал, что ему не заплатили, он мог поклясться в том и этим принудить нанимателя заплатить. Хотя в Библии нет подобного рода клятв, мудрецы придали ей законность, считая, что о невыплате мог забыть наниматель, будучи очень занят делами, но не работник, думающий неустанно о том, как прокормить себя и семью.

Работникам разрешалось в любой момент отказаться от обусловленной договором работы, однако, лишь до ее начала. Можно было оставить и начатую работу, но с возмещением нанимателю понесенного ущерба, условия которого детально рассмотрены в Талмуде. Наниматель же мог уволить работника только в случае, если он имеет доказательства «злодейства» работника, то есть служебного проступка или преступления. Рабби, обсуждавшие эту проблему в Талмуде, считали, что увольнение человека, зависящего полностью от заработка, особенно при безработице, имеет столь серьезные последствия, что нельзя не ограничить свободу действий работодателя. Тот из них, не однажды писали они, кто лишает человека работы без оснований, похож на убийцу.

Но и для работника были установлены некие справедливые пределы. Так, если его нанимали на полный день, ему запрещалось работать вечером, чтобы он не устал перед следующим рабочим днем. Ожидалось, что он из уважения к нанимателю отработает по его просьбе бесплатно один день. Если работа исключала возможность перерыва, или работник обязался работать полный рабочий день, он освобождался от некоторых религиозных обрядов, требующих такого перерыва.

Законы еврейской ритуальной чистоты (кашрута), особенно в талмудический период, были столь сложными и далеко идущими, что те евреи, которые хотели их строго соблюдать, вынуждены были резко сузить свои контакты с большинством еврейского населения, которое могло пренебрегать теми или иными запретами. Что было делать тем беднякам, которые хотели и ритуалы соблюдать, и зарабатывать, имея дело с не очень праведными нанимателями?

Законоучители Талмуда, как правило, настаивали на строгом исполнении норм ритуальной чистоты, касающихся не только пищи, одежды, гигиены тела, обрядов и предметов культа, но также характера и поведения человека, правовых и экономических отношений. Однако, как мы видели, они также оговорили некое смягчение этих запретов и норм для бедных людей, позволяющее им зарабатывать на жизнь, не прибегая к благотворительности[81].

Договорное рабство лучше наемного труда?

Рабство – весьма древнее «социальное изобретение» и появилось оно в незапамятные времена. Во всяком случае, с тех пор, как военнопленных, вместо их уничтожения, стали использовать для принудительного труда, и уж наверняка, с того времени, когда стали «присваивать» людей, не выполнивших свои правовые обязательства. И прежде всего, тех, кто не вернул взятое в долг имущество или деньги.

По определению англо-американского историка М. Финли, одного из лучших знатоков рабства в древности, раб – это «живая собственность», теряющая всякий контроль над своим трудом и своей личностью, и по его же мнению, в древности это была лишь одна, и не самая массовая, хоть и самая крайняя, форма внеэкономического принуждения к труду[82].

---

[81] Loewenberg, упом. соч., с. 129.

[82] См.:

- Finley M.I. *The Ancient Economy*, Berkley, Los Angeles, 1973.

- Безгубенко А.А., *Категории зависимого населения в исторической концепции М. Финли*, Исторический ежегодник, сб. науч. статей, Омский гос. ун-т, Омск, 2000, с. 48–64.

У рабства, как социального института, долгая и непростая история. Зародившись в недрах первобытных общин, оно, претерпевая осуждение и гневные нападки со стороны одних, одобрение или признание неизбежности со стороны других, сохранилось, меняя облик, свойства, масштабы и места распространения, вплоть до 19 века, в течение которого оно было, в основном, отменено.

Рабство существовало во всех ближневосточных политеистических цивилизациях (у египтян, шумеров, вавилонян и ассирийцев), примыкавших к территории, где зародилась, начиная с середины второго тысячелетия, древнееврейская цивилизация. Последняя, как известно, усвоила и подвергла переработке в духе монотеизма многие их традиции, включая и рабство.

Все мировые религии признавали рабство и пытались регулировать его отношения в своих священных писаниях (евреи – в Библии, христиане – в Новом Завете, мусульмане – в Коране) или в адекватных им правовых кодексах (у вавилонян – в Кодексе царя Хаммурапи). Католическая церковь после многократных и противоречивых попыток осудить рабство, лишь в 1917 году объявила в своем Каноническом Кодексе преступлением продажу человеческого существа в рабство.

Нет поэтому нужды много говорить о том, насколько обычным было рабство в древности во всех обществах, включая и древнееврейское. Одни люди становились рабами, попав в плен на войне. Других продавали в рабство по решению суда, признавшего их преступниками. Третьи становились рабами «по наследству» – их родители были рабами. Многие становились рабами, не сумев возвратить займ. Считается, что последняя причина рабства и была в Иудее преобладающей. Если человек исчерпал свои ресурсы для возврата долга, даже распродав всю свою недвижимость, и прежде всего, землю, ему оставалось «расплатиться» с заимодавцем собой, женой и детьми, то есть своим и их трудом, или службой.

Процедура подобного «трудового рабства» не раз описана в Пятикнижии (Лев. 25:39-43; Втор. 15:12-18), о нем не раз говорят пророки (Нех. 5:1-5) и упоминают евангелисты (Мат. 18:25). Но этот вид рабства был добровольным и ограниченным по сроку, принципиально отличаясь от принудительного постоянного рабства, которое было пожизненным и наследственным. В Иудее существовал и этот вид рабства, но он относился лишь к пленным иноверцам, захваченным на войне или купленным у поселенцев и в соседних странах (Втор. 25:44-46).

Однако для евреев, которые согласно Библии уже являются «Божьими рабами», принудительное и пожизненное рабство, при котором раб является полной собственностью хозяина, не допускалось ни для «своих», ни для «чужих»[83].

Разрешая бедняку-еврею продать себя в качестве раба другому еврею за долги, Библия ограничивает, как мы знаем, срок пребывания в долговом рабстве 6 годами: «...если купишь раба Еврея, пусть он работает шесть лет, а в седьмой пусть выйдет на волю даром; если он пришел один, пусть один и выйдет, а если он женатый, пусть выйдет с ним и жена его...» (Исх. 21:2-4).

Ситуация меняется, когда хозяин дал такому рабу жену-рабыню, которая родила ему детей – отпущен будет он один, а жена с детьми останутся у него. Но «... если раб скажет: люблю господина моего, жену мою и детей моих, не пойду на волю, - то пусть господин ...поставит его к двери, или к косяку, и проколет ему господин его ухо шилом, и он останется рабом его вечно» (Исх. 21: 5-6). И в этом случае остается путь на свободу, даже если он этого не желает – в Юбилейный год, если он соблюдался, все рабы должны были быть освобождены с возвратом наследственной земли.

Библия наставляет сомневающихся: «Не считай этого для себя тяжким, что ты должен отпустить его от себя на свободу, ибо он в шесть лет заработал тебе вдвое против

---

[83] Loewenberg, упом. соч., с. 132–133.

платы наемника; и благословит тебя Господь, Бог твой, во всем, что ни будешь делать» (Втор. 15:18).

По решению суда возможна была и принудительная продажа в договорное рабство. Так, если еврей был обвинен в краже, стоимость которой он не мог возместить, суд мог продать его (лишь мужчину) в рабство и лишь другому еврею на тот же 6-летний срок.

Изначально договорное рабство допускалось лишь для евреев-мужчин. Отцу при этом разрешалось «продать» свою дочь, если ей было меньше 12 лет – с намерением выдать затем ее замуж за нового хозяина либо его сына. Ему, однако, нельзя было продавать в рабство сына или дочь старше 12 лет. Позднее, когда экономические трудности возросли и усилилась бедность, многие отцы вынуждены были продавать не только себя, но и детей обоего пола и любого возраста. Хотя библейский закон запрещает женщинам продавать себя в рабство. Но, когда они, особенно вдовы, а также и жены, покинутые мужьями, не видели иного способа содержать себя самостоятельно, им оставалось отдать себя в рабство (Иер. 34:9).

Цена, которую евреи платили за раба-еврея, была значительно ниже той, которую платили за раба-иноверца, и по весьма простой причине – ведь первого следовало автоматически освободить через шесть лет. В раннюю талмудическую эпоху (2-3 вв. н.э.) за еврейского раба платили 1-2 мины, позднее (3-4 вв.) уже 5-10 мин – скорее всего, из-за инфляции. Между тем, за нееврейского раба могли платить и все 100 мин – ведь его покупали практически навсегда.

Как по библейским и талмудическим законам могли освобождаться евреи-рабы в древней Иудее?

Кроме стандартного освобождения в седьмой год, а то и раньше, если до этого года наступал Юбилей, и независимо от того, оказались ли они там добровольно или принудительно, у древних евреев существовали и другие возможности избавления от рабства.

Можно было, например, купить свободу самому или с помощью других, если выплатить остающуюся разницу своей «покупной цены». Другой и весьма распространенный в древности путь, кстати не только в Иудее, это получить свободу раньше срока по воле своего хозяина, то есть стать вольноотпущенником. Как свидетельствует Талмуд, рабов было также принято отпускать, если умирал хозяин, не имевший сыновей. Следовало также освободить девушку старше 12 лет, если хозяин или его сын не взяли ее в жены.

Однако, рабы-неевреи, как по Библии, так и по Талмуду, не могли быть освобождены ни по одной из этих причин – их рабство было постоянным. Впрочем, так поступали с чужестранцами и в других древних обществах.

В Иудее их рабство могло, правда, прекратиться в случае, если их хозяин нанес им серьезную травму: «Если кто раба своего ударит в глаз, или служанку свою в глаз, и повредит его, пусть отпустит их на волю за глаз; и если выбьет зуб рабу своему, или рабе своей, пусть отпустит их на волю за зуб» – так велено поступать в Книге Исход (21:26-27).

Когда же отпускали раба-еврея после 6 лет службы, то он не должен был уходить с одной лишь свободой в руках и, вернувшись в крайнюю бедность, начать с нуля: «...не отпусти его с пустыми [руками], но снабди его от стад твоих, от гумна твоего и от точила твоего: дай ему, чем благословил тебя Господь, Бог твой: помни, что [и] ты был рабом в земле Египетской...» (Втор. 15:13-15).

***

Каковы были условия пребывания в «еврейском рабстве»?

Лоувенберг не считает случайным наличие общего корня в ивритских словах «раб» (*eved*) и «труд» (*avodah*), потому что еврейский раб рассматривался преимущественно как работник. Отличия наемного работника от раба формально состояли в том, что один получал плату за свой труд и имел право оставить работу у своего хозяина, а другой не имел ни того, ни другого.

На практике, однако, эта разница могла снижаться или исчезать, особенно, когда наступали времена безработицы. Тогда наемник мало чем отличался от раба, а уровень жизни последнего мог быть временами выше, чем у боящегося потерять работу поденщика или сезонника[84].

О том, что еврейский раб имел хорошую правовую защиту, говорит популярная поговорка из Талмуда: «Человек, который завел в дом еврея-раба, на самом деле обзавелся своим хозяином» (ТВ Kiddushin 15a).

Общее правило обращения с рабом было установлено Библией: «Когда обеднеет у тебя брат твой и продан будет тебе, то не налагай на него работы рабской: он должен быть у тебя как наемник, как поселенец...» (Лев. 25:39-40).

Эта общая норма была впоследствии детализована мудрецами в Мишне, а затем в Талмуде. Еврею-рабу следовало давать ту же еду и питье, которые позволял себе хозяин. Если он пьет хорошее старое вино, нельзя предлагать рабу худшее молодое. Нельзя кормить раба-еврея черным хлебом, если сам хозяин ест белый хлеб. Хозяин не мог позволить себе спать на подушке, если рабу предлагалась лишь солома, и не должен был заставлять последнего делать унизительную работу, предназначенную для рабов-чужестранцев. Вряд ли стоит упоминать о том, что раб-еврей отдыхал в субботу, как и его хозяин. А если случалось, что раб умирал после побоев своего хозяина, последнего следовало наказать, как за убийство свободного человека.

Однако совсем другое дело, и тут ясно проявлялся статус раба как собственности хозяина, если после побоев раб выживал: «А если кто ударит раба своего, или служанку свою палкою, и они умрут под рукою его, то он должен быть наказан; но если они день или два дня переживут, то не должно наказывать его, ибо это его серебро» (Исх. 21:20).

Когда же раб был семейным человеком, хозяин обязан был обеспечить и всю его семью, хотя остальные ее члены

---

[84] См. David A Fiensy, *The Social History of Palestine in the Herodian Period*, Mellen Press, 1991.

и не становились рабами и не были поэтому обязаны работать на хозяина – так комментировал в Средние века книгу Левит знаменитый толкователь Библии и Талмуда французский раввин Раши, и то же установили задолго до него мудрецы Вавилонского Талмуда.

Некоторые историки считают, что жизнь рабов в античной Иудее, потому, мол, не была столь беспощадной, как повсюду в греко-римском мире, что они были более защищены установлениями Библии, а особенно Талмуда. Ведь согласно последнему хозяин владеет лишь трудом раба, но не его телом.

Однако суровые реалии древней эпохи далеко не всегда совпадали с идиллическими нормами религиозной литературы, так восхищающих нередко современных авторов. И по мнению других историков, защищенность рабов талмудическими законами отражает условия Иудеи после эпохи Ирода (начиная с 1 века н.э.), но не в более ранний период, когда договорное рабство было особенно распространенным и с рабами обращались более сурово.

Вместе с тем, рабы в Иудее никогда не были столь многочисленны, как в классической Греции и имперском Риме. Здесь сельскохозяйственные рабы широко использовались для работы в крупных поместьях, тогда как в Иудее эти поместья обрабатывались, чаще всего, не рабами, а арендаторами, которые являлись нередко бывшими владельцами мелких участков крупного поместья.

Как считает Лоувенберг, в еврейских источниках потому редко встречаются упоминания о сельскохозяйственных рабах, что большинство рабов-евреев было домашними рабами[85].

***

Какими были установления Библии и практика их исполнения в тех случаях, когда еврей становился рабом иноверца?

---

[85] Loewenberg, упом. соч., с. 135–36.

Хотя Тора, пророки и мудрецы такие случаи осуждали, на практике они могли иметь место. Среди причин – пленение на войне, продажа в рабство после похищения разбойниками, а также продажа еврея еврейскими же работорговцами, несмотря на библейские запреты. Возможна была и ситуация, когда еврей, отчаявшись, сам был вынужден продать себя в рабство иноверцу.

По свидетельству Иосифа Флавия, большинство еврейских рабов вне Иудеи были военнопленными. Когда еврей попадал в рабство к иноверцам, он терял возможность соблюдения субботы, кашрута в питании и других религиозных правил, особенно тогда, когда он попадал в языческий дом. Его отчаянное положение настойчиво подчеркивали, как пророк Нехемия, так и мудрецы Талмуда, хотя по времени их разделяет целое тысячелетие.

Оттого и придавалось в течение всего этого периода столь большое значение библейской заповеди выкупа пленных и рабов у язычников (Лев. 25:47-49). Той заповеди, что, будучи унаследованной христианским миром, последовательно соблюдалась в отношении своих единоверцев, хотя и по другим теологическим основаниям.

О том, что ни одного правоверного еврея нельзя долго оставлять в плену или в рабстве, что его надо побыстрее выкупить, знали не только его единоверцы, но и в окружающем мире. Поэтому, как в античности, так и в Средние века захват в плен и продажа в рабство евреев были хорошим стимулом для тех, кто нуждался в деньгах и искал быстрый способ их раздобыть. Ведь еврейские семьи и общины обязаны были предпринять все усилия, чтобы освободить насильственно порабощенных единоверцев – разрешалось даже продать такие святыни, как свитки Торы, чтобы раздобыть средства для выкупа.

Иначе, однако, относились к тем, кто добровольно продал в рабство язычникам себя или детей, а это случалось. Некоторые мудрецы Мишны (до 2 века н.э.) считали, что взрослых «рабов-добровольцев» выкупать не следует, а если у них были дети, то после смерти отца их нужно вырвать из рабства. Позднее, в Талмуде, это драконовское правило смягчили – взрослого «раба-добровольца» не следует выкупать лишь тогда, когда он уже дважды был выкуплен, но продал себя еще раз...

***

Судя по сказанному выше, установленное Библией и Талмудом отношение к институту рабства и к самим рабам в древней Иудее, являлось по своему милосердию и гуманности весьма необычным для беспощадной античной эпохи. Поэтому многие историки, задавались вопросом: представляло ли собой «еврейское рабство» в действительности такую уж идиллию?

Еще в последние столетия Первого Храма пророк Иеремия нападал на тех землевладельцев, кто не освобождал своих еврейских рабов спустя шесть лет. К эпохе Второго Храма относится не одно сообщение из различных источников о еврейских работорговцах, рабовладельцах и рабах. Реформы, проведенные Иеремией в 5 веке до н.э., подтверждают наличие рабов, не освобожденных их владельцами после шестилетнего срока. Имеются свидетельства обширной работорговли между Иудеей и многими странами, включая продажу еврейских женщин.

Так, пророк Иоиль (предположительно, конец 5 века до н.э.) жалуется: «сынов Иуды и сынов Иерусалима продавали сынам Еллинов, чтобы удалить их от пределов их» (Иоил. 3:6). Предполагают, что «эллины», упомянутые пророком, могли быть эллинизированными египтянами, но есть свидетельства о еврейских рабах и в самой Греции[86]. Товий, еврейский шейх, живший в 3 веке до н.э. в Заиорданье, имел тесные связи с правителями Иудеи из египетских Птолемеев, и регулярно занимался работорговлей, отправляя в Египет многих еврейских рабов, включая женщин.

Двумя веками позднее Антигон, сын хасмонейского царя Аристобула, обещал парфянам тысячу талантов сере-

---

[86] Martin Hengel, *Acts and the history of earliest Christianity*, London, 1979, p. 121.

бра и 500 еврейских рабынь, если они поддержат его притязания на престол в Иудее. Примерно в то же время Бен-Сира свидетельствует в своей книге о том, что много договорных рабов из Иудеи было продано их владельцами за рубеж (Сир. 29:17-20). Наконец, еще позднее, царь Ирод распорядился продавать в рабство иностранцам всех тех евреев, которые осуждены за кражу.

Как видим, имеется цепь исторических свидетельств нарушения библейских законов о рабстве среди евреев – все они, будучи проданы за пределы Иудеи, попадали в пожизненное рабство. Исследуя эти свидетельства, относящиеся к библейской эпохе, историки ставят вопрос: не имело ли это место потому, что хозяевам перестало быть экономически выгодным использовать их в своих имениях, в том числе, и из-за льготных условий их содержания и отпуска на свободу через короткий срок?

***

Соблюдались ли заповеди Библии насчет рабства в послебиблейский период и в какой мере? На этот счет мнения и талмудических мудрецов, и историков расходятся, отмечает Лоувенберг[87]. Ортодоксально настроенные рабби утверждают, что эти заповеди перестали соблюдать еще до угона евреев в Вавилон, что и было, мол, одной из причин, по которой Бог наказал их изгнанием. Ученые рабби с более умеренными взглядами, а среди них и Маймонид, считают, что эти заповеди исполнялись вплоть до разрушения Второго Храма, то есть еще пять столетий.

Большой разброс мнений на этот счет имеет место и среди историков, прежде всего, из-за недостатка или недостоверности исторических свидетельств. Считают, что скорее всего евреи практиковали определенные виды рабства вплоть до Великого восстания 67–70 гг. Иначе зачем было бы Симону Бар-Гиору, главе повстанцев-сикариев, выпускать в захваченном им Иерусалиме прокламацию об освобождении в столице еврейских рабов? Иосиф Флавий утверждает в «Иудейской войне», что армия сикариев и

---

[87] Loewenberg, упом. соч., с. 137–38.

состояла, в основном, из освобожденных рабов, беднейших крестьян, хотя включала и знатных граждан.

Неизвестно, однако, соблюдались ли в послебиблейский период заповеди Торы, касающиеся рабов-евреев. Если говорить об эпохе Талмуда, то в целом его мудрецы осуждают порабощение еврея евреями, не говоря уже о рабстве у иноверцев: не могут быть «дети Израиля – рабы Божьи в рабстве у смертного человека» (ТВ Бава Камма 116-б). Однако случаи продажи себя в рабство известны среди евреев и в талмудический период, даже среди мудрецов – у патриарха Иудеи Гамлиеля I (1 век н.э.) был раб Товий, славившийся своей ученостью. Считается, что, скорее всего, это были единичные случаи, вызванные особыми обстоятельствами.

Как бы там ни было, когда еврея в древности настигала крайняя бедность или, когда возникали иные экстремальные условия, он был вынужден идти в рабство – последнее средство выживания.

Забота о бедных путниках и чужестранцах

По тому, как данное общество или народ заботятся о бедных путниках и чужестранцах, можно судить и об их отношении к своим беднякам.

Иудейская традиция домашнего гостеприимства для утомленных путников восходит к патриархам. Еще Авраам показал пример особого внимания к ним, о чем так живописно рассказано в Бытии: «И явился ему Господь..., когда он сидел при входе в шатер, во время зноя дневного. Он возвел очи свои и взглянул, и вот, три мужа стоят против него. Увидев, он...сказал: Владыка! если я обрел благоволение пред очами Твоими, не пройди мимо раба Твоего; и принесут немного воды, и омоют ноги ваши; и отдохните под сим деревом, а я принесу хлеба, и вы подкрепите сердца ваши; ...Они сказали: сделай так, как говоришь.

И поспешил Авраам в шатер к Сарре и сказал: поскорее замеси три саты лучшей муки и сделай пресные хлебы. И побежал Авраам к стаду, и взял теленка нежного и хорошего, и дал отроку, и тот поспешил приготовить его. И взял масла и молока и теленка приготовленного, и поставил перед ними, а сам стоял подле них под деревом» (Быт. 18:1- 8).

Этот бесхитростный рассказ о приеме усталых путников, среди которых в чужом облике явился патриарху Всевышний, был положен в основу обычаев гостеприимства ранней еврейской истории, заповедей Торы, а позднее и традиций христианского Нового Завета.

Библия полна заповедей о гостеприимстве, хотя и не установлено никаких наказаний за их неисполнение. Пророки продолжили эту традицию, призывая не оставлять путников на ночь вне дома, а мудрецы Талмуда обещали особое благословение Бога тем, кто открывает свой дом для бедного путника. Один из них, рабби Бен Йонахан (2 век до н.э.), поучал в Мишне: «Пусть ваш дом будет широко открытым и пусть бедный будет членом вашей семьи». Позднее Талмуд так поощрял гостеприимство: «Тот, кто впустил бедного путника в дом, может считать, что его дом удостоился Божьего присутствия»[88].

Но, как выявил долгий опыт, этические призывы к гостеприимству оказались недостаточны – далеко не весь народ и не всегда следовал им. Потребовалась их правовая поддержка в виде определенных талмудических постановлений. Одним из них, например, было разрешение передвигать вязанки соломы по субботам, если нужно было освободить место для внезапно прибывших путников.

Когда число странников в последние столетия Второго Храма резко возросло, и норму домашнего гостеприимства при растущем обеднении населения стало все труднее соблюдать, ответственность за ее исполнение постепенно перешла к общине. Считается, что появление столовых для бедных было вызвано, в первую очередь, ростом

---

88 Loewenberg, упом. соч., с. 140.

странствующих бедняков, которые могли теперь меньше «напрягать» жителей деревни, выпрашивая еду в их домах.

Общинные приюты появились значительно позже, когда стали устраивать путников на ночлег в помещениях при синагогах или возле них. Поскольку синагоги в иудейской традиции – не только место молений, но также собраний и обучения, было естественным использовать их помещения или примыкающие к ним здания для устройства приютов. Об этом их назначении говорят многие археологические находки. При раскопках древней синагоги времен царя Ирода (1 век до н. э.) в Иерусалиме найдена следующая, не требующая комментариев, греческая надпись: «Феодот построил эту синагогу для чтения Закона и изучения заповедей, а также этот приют с его комнатами и водопроводом для размещения тех, кто прибывает издалека и нуждается в жилье...»[89].

Археологи обнаружили помещения для путников при раскопках более чем 20 древних синагог как в Иудее, так и во многих городах эллинистического мира. Но из Талмуда следует, что приюты для бедных странников существовали при гораздо большем числе синагог. В его трактатах рассеяно множество указаний о том, как древние постояльцы должны вести себя, получив приют в синагоге; как видно, нарушители не переводились. Им многократно напоминают о том, например, что в синагогах и примыкающих к ним помещениях нельзя ни есть, ни пить, особенно по субботам.

Одни историки полагают, что появление синагог-приютов, или общежитий при них – результат эллинистического влияния, поскольку подобные помещения для пилигримов существовали при многих греческих храмах. Другие, ссылаясь на известного немецкого исследователя греко-римской филантропии Г. Болкестайна (Hendrik Bolkestein), отмечают, что, хотя это влияние и могло иметь

---

[89] Цит. по Loewenberg, упом. соч., с. 142 (перевод мой – *Ф.Ф.*).

место во всех странах эллинистической культуры, греческие и иудейские приюты существенно различались, поскольку использовали в своем гостеприимстве различные этические подходы.

В греческие гостиницы пускали лишь тех путников, которые имели возможность оказать затем ответное гостеприимство в своем родном городе, что чаще всего было доступно лишь знати. Поэтому бедные обычно не могли быть здесь постояльцами, тогда как иудейские приюты принимали всех, кто нуждался в ночлеге.

Появление и тех, и других на стыке старой и новой эры было, хотя и параллельным, но, скорее всего, независимым откликом на резко возросшую потребность в ночлеге для бедных путешественников в насыщенные странствиями времена римского правления.

В годы правления царя Ирода и его эллинизированных наследников (между 25 г. до н.э. и 20 г. н.э.) в Иудее, по примеру римлян, было построено много новых дорог, облегчивших путешествия, и городов, нуждавшихся в жителях. Вдоль этих дорог и в этих городах было построено много государственных приютов. Однако они были настолько грязными и небезопасными, что в них останавливались лишь самые нищие странники.

Всегда, когда это было возможно, люди предпочитали приют в синагогах, имевшихся почти в каждой деревне. А если такой приют здесь отсутствовал, евреи называли такую деревню «злой», потому что в ней не заботились о бедных путниках.

Конечно, социальное неравенство, как и в прочих сферах, имело место и в «гостиничном сервисе» того времени. Богатые, как и многие рабби, нуждающиеся в лучших условиях для своих ученых занятий в пути, предпочитали домашнее гостеприимство, что не раз отмечается в Талмуде. Богатые могли, уже по эллинистическому обычаю, ответить взаимностью, а принять ученого гостя было почетом для любого еврейского дома, и его хороший прием нередко приравнивали к жертве на алтарь Иерусалимского Храма[90].

Элементарное образование – всем детям

В наше время систематическое образование детей из бедных семей – одно из решающих средств, позволяющих разорвать цикл преемственной бедности. В Древней Иудее, особенно в эпоху эллинизма (с середины 4 века до н.э.) не бедность сама по себе, а каноны иудаизма требовали дать детям образование.

Кроме эллинизированной иудейской элиты, стремившейся дать своим детям, помимо еврейского, также и классическое (то есть греческое) образование, все евреи-мужчины обязаны были изучать Тору. С самых ранних времен еврейской истории одна из главных обязанностей отцов состояла в том, чтобы вовлечь в это занятие сыновей, о чем однозначно сказано в следующей библейской заповеди: «...И да будут слова сии, которые Я заповедую тебе сегодня, в сердце твоем. И внушай их детям твоим и говори о них, сидя в доме твоем и идя дорогою, и ложась и вставая...» (Втор. 6:6-7).

В течение многих столетий ранней эпохи в Иудее отсутствовал какой-либо вариант массового школьного образования. Систематически учились лишь дети левитов и коэнов, заканчивая обучение соответственно в 25 и 30 лет, когда они вступали в должность при Храме. Почти все мальчики из состоятельных семей могли читать и писать, а становясь взрослыми, могли научить своих сыновей читать священные книги. Однако для сирот и тех детей, чьи отцы отдавали все время работе, эта возможность исключалась.

В эллинистическую эпоху богатые отцы могли нанять учителя – не только еврейского, а зачастую и греческого –

---

90 Loewenberg, упом. соч., с. 143.

чтобы он исполнял их обязанности. Однако бедные семьи, как и ранее, не могли себе этого позволить. Постепенно это привело к увеличению числа неграмотных в еврейской общине Иудеи до опасного предела, потребовавшего вмешательства общинных властей.

В Вавилонском Талмуде имеется описание эволюции еврейского публичного образования, как его себе представляли ученые рабби (ТВ Бава Батра 21а). Хотя исторически оно не всегда точное, из него все же видно, сколь важное значение придавалось публичному образованию в древней Иудее:

«Сначала каждый отец учил своего сына, но, если у мальчика не было отца, он не учился вообще. Затем было постановлено, чтобы в Иерусалиме назначили учителей. Тех мальчиков, у которых были отцы, привезли в Иерусалим, чтобы они здесь учились. Позднее были основаны местные школы для мальчиков 16–17 лет, но в этом возрасте многие из них часто бунтовали против школьных служителей. Наконец, пришел Рабби Иехошуа бен Гамла и приказал, чтобы учителя были посланы в каждый округ и город, и чтобы дети начали учебу с 6–7 лет»[91].

Подобная реформа в 1 веке до н.э. (Иехошуа бен Гамла был первосвященником Иудеи в 63–65 гг. до н.э.), а именно – введение обязательных религиозных школ для всех детей во всех городах и деревнях Иудеи – выглядит настолько уникальной для того времени, что поначалу историки усомнились в достоверности этого места Талмуда. Привлечение других источников и анализ обстановки в Иудее той эпохи, убедили большинство исследователей в реальности описанной реформы образования. Вторичное введение обязательности образования при Иехошуа бен Гамле потребовалось, так как она, вероятно, соблюдалось лишь частично.

Обязательное обучение детей началось в Иерусалиме, а затем были основаны школы в провинциальных городах. В этих школах многие начинали учиться уже взрослыми,

---

[91] Цит. по Loewenberg, упом. соч., с. 145 (перевод мой – *Ф.Ф.*).

так как не смогли получить еврейское образование в детстве. Чтобы каждый ребенок мог учиться, общины были обязаны платить учителям, а также оплачивать обучение детей неимущих родителей. Дело было, однако, не только лишь в том, что у растущего числа семей не было ни времени, ни средств, чтобы учить своих сыновей грамоте и заповедям Торы.

Важнейшим толчком к проведению этой реформы, начиная с конца 4 века до н.э., когда Иудея попеременно входила в состав эллинистических государств Птолемеев и Селевкидов, стала угроза массовой эллинизации ее населения с возвратом к многобожию и идолопоклонству.

***

Первой продемонстрировала заразительный пример усвоения греческого образа жизни и мышления – с частичным отходом от завещанных Торой религиозных обычаев – многочисленная еврейская диаспора. В Александрии, где евреи жили уже не одно столетие, постепенно утратив не только строгость веры, но и родной язык, примерно в 3 веке до н.э. был осуществлен перевод Торы (Пятикнижия) с древнееврейского на греческий. Так появилась знаменитая Септуагинта, ставшая впоследствии основой христианской версии Библии.

Первичная инициатива перевода исходила, скорее всего, не от Птолемея II Филадельфа – как о том писали древние еврейские авторы, преклонявшиеся перед ним – а от самой греко-язычной еврейской общины, нуждавшейся в греческой версии Пятикнижия для богослужений и изучения. Необходим был этот перевод и для того, чтобы с первоисточником иудейской веры познакомились греческие читатели, особенно греческие философы и литераторы. С ними еврейские интеллектуалы диаспоры поддерживали тесные связи и, восхищаясь трудами великих греков, пытались отыскать в них сходство с Торой и книгами Пророков.

Живший предположительно во 2 в. до н.э. иудейско-эллинский философ Аристобул Александрийский развил следующую версию греко-еврейских связей и заимствований. Гомер и Гесиод, мол, черпали из иудейских книг, и все лучшее в греческой философии имеет общий с иудаизмом источник. Среди «учеников Библии» Аристобул называет Орфея, Пифагора, Гераклита, Сократа. А Платон, утверждал он, усвоил начала Моисеева Закона и, как видно, тщательнейшим образом вникал во все его подробности. Этим и объяснял Аристобул имеющиеся «совпадения» в Библии и доктринах греческих философов[92].

В ту же эпоху среди элиты еврейской диаспоры широко распространилась легенда о происхождении евреев и спартанцев от одних и тех же древних предков, выдвинутая спартанцами еще в 300 г. до н.э. при заключении союзнического договора с Иерусалимом. Один из доводов для этого усматривали, например, в сходстве по строгости исполнения Моисеева Закона и Закона Ликурга, легендарного законодателя Спарты. Благоприятный отклик нашла эта легенда, как и греческая культура в целом, у эллинизированной священнической и аристократической элиты Иерусалима, добивавшейся политического и экономического равноправия с другими городами империи Селевкидов.

***

Особенно угрожающей становится ситуация после 175 г. до н.э., когда первосвященник Ясон (кстати, закончивший свои дни в греческой Спарте, куда он бежал после изгнания) при поддержке иерусалимской аристократии и сирийского правителя Антиоха IV начал далеко идущую эллинистическую реформу.

Вот как, отражая общую неприязнь большинства греческих и римских историков к евреям, об этом писал К. Тацит: «Пока Востоком правили ассирийцы, мидяне и персы, иудеи были самым жалким из подвластных им народов. Во время господства македонян царь Антиох попытался было искоренить столь распространенные среди

---

[92] См. Александр Мень, *История религии*, т. 6, «Слово», 1993, гл. 16.

них суеверия и ввести греческие обычаи, чтобы хоть немного улучшить нравы этого мерзкого племени...»[93].

В рамках этой реформы Иерусалим должен был стать греческим полисом Антиохией, знатные и богатые жители которого, придерживаясь греческого образа жизни, становились бы полноправными гражданами полиса, приобретая немалые преимущества в общественном положении, торговле и образовании. Еврейское большинство населения Иерусалима, как истово исповедующее свою «варварскую» религию, приобретало бы лишь статус второсортных жителей. Оно получало право его постепенно изменить, если бы захотело, и могло бы себе позволить параллельно соблюдать дорогостоящий, а главное, противоестественный для массы правоверных иудеев образ жизни эллинизированных евреев.

Возможно, чашу терпения масс, подогреваемых стараниями фанатичных защитников иудейского Закона, переполнило основание в столице гимназии и эфебии, без обучения в которых нельзя было получить статус гражданина полиса. В этих учебных заведениях преподавали классические дисциплины, включая гимнастику и спортивные игры для юношей. Между тем спорт у греков издавна был связан с религиозными обрядами. Игры всегда посвящались тем или иным языческим богам. Участвуя в них, иудейская молодежь невольно втягивалась в чуждую духовную орбиту.

Возникло еще одно противоречие, не только духовного, но и телесного свойства. Греческие юноши издревле состязались в обнаженном виде, причем правила приличия той эпохи требовали, чтобы их крайняя плоть была как можно длиннее, и было даже модным ее специально удлинять. Можно себе представить с каким конфликтом религиозных ценностей, не говоря уже о физической боли, столкнулись те дети и юноши из семейств еврейской знати, которые, желая стать «эллинами», вынуждены

---

[93] Корнелий Тацит, Сочинения в двух томах, том II, *История*, М., Ладомир, 1993, 5, 8.

были скрывать или устранять следы своего «завета с Богом», совершенного на восьмой день после рождения. А многие, чтобы войти в круг избранных, готовы были совершить даже «обрезание наоборот» – эписпазм (epispasm), состоявший в «натягивании» обрезанной крайней плоти. Как написано в 1-й книге Маккавеев: «...сделали себя необрезанными, и продались, чтобы делать зло» (1, 11-15).

На слишком многое нужно было решиться правоверным евреям даже из аристократии, чтобы еще во 2 веке до н.э. получить, по выражению немецкого историка Мартина Хенгеля, «входной билет в европейскую культуру». Он же считал основание греческих учебных заведений и Антиохии на месте Иерусалима, исторически несостоятельным стремлением иудейской верхушки радикально трансформировать еврейскую ментальность. И тем самым, преобразовать «храмовое государство» Иерусалим в греческий полис с ограниченным числом по-эллински образованных граждан[94].

***

Общее сопротивление эллинизации евреев, в том числе и в сфере образования, возглавили фарисейские мудрецы, или «отделившиеся». Они стали наследниками древних *соферим* (писцов-левитов) и «мужей Великого Собрания» из Совета старейшин, действовавших, начиная со Второго Храма, а также хасидеев, фанатичных охранителей еврейских традиций эпохи Маккавеев.

Именно фарисеи, «книжники», восприняли их миссию сберечь Закон и донести его с помощью толкований и в доступной форме до всего народа. Они и пришли тогда к заключению, что греческим школам как прямому каналу распространения языческой культуры и многобожия, следует противопоставить иудейскую систему религиозного образования для всех. Считают, что радикальная антиэллинистическая реформа школ была начата по инициативе

---

[94] Martin Hengel, *Judaism and Hellenism*, 2 vols, Fortress, 1974, v.1, p. 82.

лидера фарисеев Симона бен Шетаха, брата хасмонейской царицы Саломеи-Александры (139–67 до н.э.).

После разрушения Второго Храма их идейными наследниками стали мудрецы Мишны и Талмуда, продолжившие эту реформу с еще большим рвением. Они грозили отлучением всякому городу или деревне, не основавшим у себя начальную школу, считая ее самой важной службой общины, без которой ей могло грозить постепенное исчезновение.

По мнению Мартина Хенгеля, без значительного числа еврейских элементарных школ были бы невозможны ни развитие раввинистического течения в иудаизме, ни повсеместное существование синагог. Ибо они нуждались в массе элементарно образованных членов общины, знающих основы Закона и умеющих, участвуя в синагогальной службе, читать Тору[95].

Как видно, реформа эта не везде шла успешно, поскольку в назидание упорствующим один из рабби записал впоследствии в Талмуде, что «Иерусалим был разрушен потому, что пренебрегал еврейским образованием своих детей»[96]. Видимо, этот рабби был слишком строг. Иначе как бы уцелели евреи и их религия в ходе последующей, более длительной и намного более опасной волны христианской ассимиляции, если бы не эта уникальная система всеобщего библейского, а затем и талмудического образования, созданная еще в древней Иудее?

О том, что всеобщее еврейское образование детей, юношей и взрослых – наряду с развитой филантропией – было одним из решающих факторов выживания народа и его религии во враждебной среде, говорит следующая притча из Талмуда. В правление императора Адриана (117–138 гг.), в период особенно сильных гонений на евреев, к греческому философу из палестинской Гадеры, хо-

---

95 Hengel, упом. соч., с. 82.
96 Loewenberg, упом. соч., с. 146.

рошо знакомому с еврейскими обычаями и учением, обратились в отчаянии его единоверцы-язычники с вопросом: почему они не могут покорить иудеев?

Его ответ был следующим. Идите и присмотритесь к их синагогам и домам учения. Пока там находятся возбужденно бормочущие дети – именно так, вслух, они заучивают свой Закон – вы не преуспеете, ибо так завещал им их Всевышний[97].

Древнееврейское «здравоохранение» бедных

При всей примитивности медицины в древнем мире, а может быть, именно вследствие этого, еврейские законоучители придавали огромное значение элементарной заботе о больных. Посещение больных и уход за ними относились к тем заповедям, за исполнение которых они обещали щедрые воздаяния как на этом свете, так и в грядущем мире.

Вот как об этом сказано в одном из трактатов Вавилонского Талмуда: «Плоды шести добродетелей получает человек в этом мире, а главная награда за них ожидает его в мире Грядущем. Это – гостеприимство, визиты к больным, сосредоточенная молитва, посещение уроков Торы... в Доме Учения, воспитание детей и обучение их Торе, а также – ...положительное отношение к людям, предполагающее, что все их поступки продиктованы хорошими намерениями; пока не будет доказано обратное»[98].

В Талмуде предписано каждому – и мужчинам, и женщинам – поступать по примеру Всевышнего, который посетил 99-летнего Авраама, выздоравливавшего после обрезания, сделанного в знак завета с Ним. Тем, кому этот

---

[97] Hengel, упом. соч., с. 83.

[98] Цит. по комментариям к тексту ТВ Шабат 127 на интернет-сайте http://www.evrey.com/tradition/talm/archiv/index1

пример мог показаться слишком давним и малоубедительным, мудрецы Талмуда приводили следующую притчу.

Однажды рабби Иошуа бен Леви встретил у городских ворот Рима пророка Илию (жил примерно в 9 веке до н.э.), вознесенного Богом живым на небо за его ревностную борьбу с идолопоклонством. Рабби Иошуа с озабоченностью спросил его, что он здесь делает. Илия отвечает, что он сопровождает Мессию. Следует вопрос: что же здесь делает Мессия? Илия разъясняет: в ожидании дня искупления еврейского народа, Мессия занят лечением больных проказой, изгнанных за пределы городских стен. Притча завершается следующим поучением: если забота о здоровье прокаженных не была ниже достоинства Мессии, то забота о других больных не может быть ниже достоинства обычных евреев[99].

Признавая важной эту заботу, мудрецы продолжали считать ее персональной обязанностью даже после того, как уже стали привычными благотворительные организации общин для обеспечения иных нужд бедных. Убеждая каждого посещать и заботиться о больных, законоучители прибегали нередко к весьма сильным выражениям. Так, рабби Акива (2 век н.э.) говорил, например, что к человеку, который не посетил больного, следует отнестись как к тому, кто пролил кровь этого больного.

Не найдя ни в Библии, ни в Талмуде упоминаний об организованной медицинской помощи, историки предположили, что ее персонализация могла быть следствием минимальных медицинских познаний того времени. Что при этом условии могло помочь лучше, чем сердечность и внимательность родственников, друзей и соседей, вообще любого члена общины?

Иногда, отмечает Лоувенберг, предпринимаются малообоснованные попытки отыскать в Библии следы весьма раннего появления госпиталя как примера организованной иудейской медицины. Во 2-й Книге Паралипоменон

---

[99] Цит. по Loewenberg, упом. соч., с. 146 (перевод мой – *Ф.Ф.*).

(Хроник) рассказывается, что когда иудейский царь Озия (790–739 гг. до н.э.), правивший долго и успешно, но возгордившийся к концу жизни, силой ворвался в Храм, чтобы самому и вместо первосвященника провести службу, он был внезапно поражен «проказой»: «И взглянул на него Азария-первосвященник и все священники; и вот у него проказа на челе его. И понуждали его выйти оттуда, да и сам он спешил удалиться, так как поразил его Господь. И был царь Озия прокаженным до дня смерти своей, и жил в отдельном доме» (26:20-21).

Вот то, что Озия «жил в отдельном доме», некоторым историкам медицины показалось достаточным, чтобы предположить наличие примитивного госпиталя, пусть лишь царского, еще в 8 веке до н.э. Пример этот хорошо показывает к каким ухищрениям, в том числе преувеличениям и искажениям, вынуждены нередко прибегать в поисках крупиц исторически достоверной информации. И в попытках подтвердить желаемое.

Между тем, как считают мудрецы Талмуда, толкуя заповеди насчет проказы в книге Левит, Озию поразила не столько земная проказа, сколько «болезнь» небесного происхождения – *tzaraas* (цорес – бедствие, несчастье, но и болезнь тоже), которой Бог наказывает за семь грехов, включая гордыню. Она может поразить не столько человека, сколько его дом, а также и одежду, и ее может излечить не врач, а коэн особым ритуалом очищения[100].

Невзирая на примитивность древних медицинских знаний, мудрецы Талмуда узаконили ряд мер охраны здоровья в общине, которые, по их мнению, должны были улучшить условия жизни всех ее членов, включая бедных. Так, каждый город обязан был иметь лекаря и общественную баню и было запрещено рыть колодцы поблизости от кладбищ и мусорных свалок.

В Талмуде, однако, почти нет установлений о том, что лекарь этот должен лечить бедных бесплатно. Причина тому ясна: вряд ли, считали мудрецы, врач, даже если его

---

[100] См. интернет-энциклопедию «Wikipedia». Статья *tzaraas*.

понуждать, будет стараться, зная, что ему не смогут заплатить за труд. Зато из того же источника известно, что отдельные врачи, поощряемые заповедями Торы о посещении больных и уходе за ними, по своей инициативе оказывали бесплатные или льготные услуги бедным.

Образцом благочестия и благотворительности называют в Талмуде хирурга Абба Умна, жившего в 4 веке. Хотя Абба жил лишь за счет своей врачебной практики, он, не желая ставить в затруднительное положение своих неимущих пациентов, ни от кого лично плату не брал. В определенном месте своего дома он поместил кружку, куда всякий мог опустить столько денег, сколько пожелает, а с бедных студентов плату не брал вовсе. Существует легенда о том, что он ежедневно получал поощрительные приветствия с Небес, в то время как его современник рабби Аббаи, первый талмудический авторитет того времени, удостаивался этого лишь раз в неделю[101].

Следовали ли примеру его милосердия другие еврейские врачи античности и в какой степени – об этом нет сведений в талмудической литературе. Можно лишь предположить, что вряд ли эта традиция была массовой, хотя и не уникальной.

«Ни вдовы, ни сироты не притесняйте...»

Так гласит библейская заповедь в книге Исход (22:21), и она не раз повторяется в других книгах Библии. Угнетение вдов и сирот было весьма распространено в древности, а иудейский Бог считался защитником зависимых и беспомощных, ибо это – «Бог великий, сильный и страшный, Который не смотрит на лица и не берет даров, Который дает суд сироте и вдове» (Втор. 10:17-18).

На основе этой и сходных заповедей в древней Иудее и в диаспоре развилась обширная практика их поддержки,

---

[101] *ЕЭ*, статья *Абба Умна*.

закрепившаяся в различных правовых нормах властей и наставлениях рабби.

Человек, взявший в дом на воспитание сироту, признавался его полноправным отцом. Вдовы и сироты числились среди тех, кто имел право на долю в десятине и урожае, оставляемой для бедных. Гостеприимство для вдов и сирот, особенно по субботам и праздникам, считалось заповедью, так же, как и требование, обращенное ко всем – давать им еду и оказывать иную помощь. Библейские и талмудические законы предоставляли равную защиту сиротам от первого и второго брака, включая незаконнорожденных. В период Второго Храма его казначей брал на хранение деньги вдов и сирот, сберегая их от грабителей, вымогателей и кредиторов. Если вдова не стала наследницей имущества своего мужа, она имела право жить в его доме, пользоваться всем, к чему привыкла и получать иное содержание от его родственников вплоть до своего нового брака.

Обычно эти права заносились в брачный контракт, но даже если они там отсутствовали, суд мог предоставить их вдове своим решением. Когда покойный муж, кроме вдовы, оставлял заимодавцев и родственников, претендующих на его наследство, а оно было недостаточно, чтобы удовлетворить все претензии, суд по обычаю отдавал предпочтение слабейшему из претендентов. Им, как правило, была вдова с детьми-сиротами. Наверное, поэтому судей в Иудее, по свидетельству Талмуда, называли «отцами сирот» (ТВ Бава Кама 37а).

В Талмуде приведен поучительный диспут нескольких рабби насчет вдовьих прав, посвященный толкованию следующего места из Второзакония: «Не суди превратно пришельца, сироту; и у вдовы не бери одежды в залог» (21:17). Рабби Симеон утверждал, что библейское требование не брать у вдовы залога относится лишь к бедной вдове, тогда как рабби Иуда считал, что так следует поступать не только с бедной, но и с богатой вдовой. Свое мнение рабби Симеон обосновал тем, что если заимодавец возьмет заклад у бедной, то он должен возвращать его каждый день: вечером, если заложено одеяло, утром, если это одежда. В случае же богатой вдовы у заимодавца в этом нет такой нужды – у нее есть и другие вещи. Однако ежедневные визиты к бедной вдове могут нанести ей моральный урон: что подумают соседи о ее поведении? На что рабби Иуда возражает: почему не облегчить жизнь всем вдовам, достаточно того, что они потеряли главу семейства. Именно его мнение в интересах справедливости, завещанной Законом, и принимается (ТВ Сангедрин 21a).

Когда положение вдов и сирот, даже из зажиточных семей, стало в последние столетия Второго Храма особенно трудным, поскольку большинство из них обеднело, появились новые установления, защищающие их права при наследовании. По общему правилу, сироты-мальчики имели преимущество при наследовании отцовского имущества, а их сестры получали право на содержание за счет наследства вплоть до своего замужества.

Теперь же, если имущества не хватало, чтобы обеспечивать наследством мальчиков, а также содержание девочек, последние становились основными наследниками, даже если их братьям приходилось перейти на жизнь за счет милостыни. Если же наследство было вообще мизерным, всех сирот этой семьи должна была содержать община.

Особой была забота о приданном для девушек-сирот. С библейских времен эта обязанность была персональной – о приданном для сирот заботились специально назначенные смотрители, собиравшие у жителей пожертвования для невест-сирот на выданье. Представление о том, как такой сбор мог проходить дает следующий рассказ из Вавилонского Талмуда. Рабби Элиезер бен Иуда славился тем, что всегда жертвовал для бедных больше, чем мог себе позволить. Вот почему смотрители, собиравшие пожертвования, обычно старались избегать встреч с ним.

Однажды рабби отправился на рынок закупать еду и все, что было нужно, для свадьбы своей дочери. Тут он заметил, что находившиеся неподалеку смотрители убегают от него. Догнав их, он потребовал рассказать для чего они собирают пожертвования. Они отвечают: для двух невест-сирот. Рабби тут же отдает им все деньги, что были у него с собой, говоря, что свадьба сирот должна состояться раньше, чем замужество его собственной дочери[102]. Скорее всего, эта история, как и многие притчи и истории Талмуда, в назидательных целях преувеличена. Но она демонстрирует значение, придаваемое его мудрецами благополучию девушек-сирот – обычаю, укоренившемуся затем и в христианской традиции.

В последующие столетия в еврейских общинах для поддержки невест-сирот создали регулярный фонд, но в талмудическую эпоху они для этой цели опирались преимущественно на сбор индивидуальных пожертвований.

---

[102] См. Loewenberg, упом. соч., с. 150.

6. Ученые спорят

Большинство исследователей чаще всего согласны друг с другом в том, на какой основе и какими путями развивались сферы благотворительности и филантропии у древних евреев, в чем состоят их достижения и ограниченность по сравнению с другими культурами, каково, наконец, влияние иудейской традиции на последующую историю филантропии. Тем не менее существует несколько проблем, которые издавна и до сих пор дебатируются.

Религиозная или светская?

Какой была благотворительность у древних евреев — религиозная или светская? Вопрос может показаться, на первый взгляд, странным. Общепризнана теснейшая связь религиозной и благотворительной практики во многих обществах и культурах, а все великие религии мира с самых ранних времен проповедовали и поддерживали сочувствие к бедным, убеждая своих последователей относиться к ним, «как к самим себе».

И хотя многие исследователи решительно утверждают, что «религия – мать благотворительности», есть, однако, и другие, считающие, что всякий раз следует выяснять, как и насколько они связаны друг с другом.

То, что все религии велят своим последователям поддерживать бедных, не обязательно означает, что эта деятельность составляет неотъемлемую часть религиозного ритуала или священнической деятельности. Формула «религия – мать благотворительности» может быть, например, вполне отнесена к христианскому миру, но для других религий, в том числе и для иудаизма, утверждает Лоувенберг, ее надо проверять[103].

Неверная оценка древних явлений чаще всего вызвана перенесением на них современных представлений. Известное сегодня различие светского и религиозного могло быть в древности менее значимым или даже бессмысленным. Так, в Библии это различие столь четко не проведено: в ней все сферы жизни переплетены и, как утверждают мудрецы, «ее святость неразделима». В древнем иудаизме, как показывает опыт еврейской истории, не допускался разрыв или строгое разграничение мирского и священного.

Особенно ясно символизирует эту неопределенность личность Моисея. Кем его считать – религиозным или светским вождем? Как следует из Торы, он был и тем, и другим, возглавляя уход евреев из египетского рабства, восходя на гору Синай для общения с Богом, подвергая народ испытанию на преданность Богу в сорокалетнем странствии по пустыне. И вместе с тем, первосвященником был назначен не он, а его брат Аарон.

Более 400 лет, начиная с царствования Саула и до вавилонского плена, в Иудее существовало двоевластие. Правили как бы «светский» царь и «святой» первосвященник, делившие между собой власть, но без четкого разграничения исключительных сфер правления. У царя были свои обязанности, связанные с культом, а первосвященник занимался также и теми делами, которые сейчас назвали бы мирскими. Временами эта расплывчатость и обычные трения, продолжавшиеся столетиями, выливались в жестокие конфликты, как, например, тот, когда царь Саул приказал убить первосвященника Ахимелеха, заподозренного в поддержке Давида.

В эпоху Второго Храма, большую часть которого Иудея была зависимой провинцией, у нее обычно был один правитель, соединявший в своих руках и светскую, и религи-

---

[103] См. Loewenberg, упом. соч., с. 165–167.

озную власть. Когда же при Хасмонеях была восстановлена монархия, цари Иудеи происходили лишь из семей первосвященников и вновь стало трудно разделить «религиозное» и «мирское» в их деятельности – от политики и права до благотворительности.

Если считаться с расплывчатостью этих определений в еврейской религии и истории, заключает Лоувенберг, то вряд ли уместно относить помощь бедным только к религиозной или лишь к светской деятельности – в ней сочетаются та и другая. Призыв Бога и его пророков помогать бедным и угнетенным воплотился в персональной обязанности всех евреев заниматься благотворительностью – вне прямой связи с культом и его обрядами, имеющей место в христианстве.

***

Может последовать коварный вопрос: как же тогда быть с тем, что в древности многие акты благотворительности – призывы делать пожертвования, обучение детей, прием бедных странников и прочее – связаны с синагогой? Чем была древняя синагога – молитвенным домом или общинным центром, или и тем, и другим? Отсюда вытекает следующий спорный вопрос: свидетельствует ли связь синагоги с благотворительной деятельностью о религиозном характере последней? Для ответа на этот важный вопрос, Лоувенберг, предлагает сначала взглянуть на эволюцию синагог.

Много спорят о том, когда синагоги появились, причем разрыв в предполагаемых сроках достигает сотен лет. Одни говорят, что это случилось в вавилонском плену, когда надо было возместить потерю Храма новым местом молений и собраний изгнанников. Другие твердят, что они понадобились как место общественных собраний вблизи разрушенного Храма после возвращения в Иерусалим. Некоторые даже уверяют, что синагоги уже имели место при Первом Храме, то есть задолго до изгнания.

Наконец, существует более обоснованная свидетельствами теория появления синагог лишь в конце периода Второго Храма, прежде всего в диаспоре, где они были не только домом молитв и собраний, но и общинным центром. Последнюю точку зрения подтверждают не только исторические свидетельства, например, труды Филона Александрийского, но и данные археологии. В Египте, близ Александрии, при раскопках нашли плиту синагоги, посвященной Птолемею Эвергету и его жене Беренике (вторая половина 3 в. до н. э.).

Во всяком случае, в 1 веке н. э. синагога уже была «укорененным институтом», как о том сообщает не только Еврейская, но и Католическая Энциклопедия. В последней говорится что в Новом Завете синагога упоминается 55 раз, и понятно почему – иудеохристиане продолжали ее использовать для своих встреч и обрядов, а христиане вскоре преобразовали многие из них в церкви. И все же точное время возникновения синагог в обозримой еврейской истории все еще остается загадкой. Как бы там ни было, синагога изначально была не только домом молений, то есть религиозным учреждением, но и домом общинных собраний (греческое слово *синагога* и означает собрание, а его аналог на иврите *бет-кнессет* – дом собраний), то есть светским центром.

Какая из этих функций преобладала в древности – на этот счет тоже имеются разногласия, поскольку в зависимости от времени (до или после разрушения Второго Храма, в эпоху Мишны или Талмуда), места (в Палестине или в диаспоре) и условий существования (в период войны или мира, экономического кризиса или сравнительного благополучия) на первый план могла выдвигаться одна из них.

Спорят и о том, когда синагога стала центром организованной помощи бедным. Преобладает мнение, что это свойство она приобрела уже в 1 веке до н.э., но и для него нет достаточных доказательств. Разве лишь тот факт, что упомянутая ранее синагога Феодота в Иерусалиме (эпоха Ирода Великого) уже имела при себе приют для странников, или упоминание в Новом Завете (Деяния 6:1-6) о назначении апостолами в Иерусалиме семи диаконов для поддержки бедных в христианской церкви в Иерусалиме в 1 веке. Упоминание о диаконах считается уместным, так как первые церкви христиан повторяли устройство синагог того времени или были близки к их организации.

Однако, даже если не в первом, то в последующие столетия нашей эры синагога однозначно стала благотворительным центром еврейских общин. Об этом имеются многочисленные свидетельства Мишны и Талмуда, а также археологические находки. Это было неизбежное решение.

Большинство городов и деревень просто не имели других общественных зданий, кроме синагоги. Именно здесь находились религиозные школы и приюты для путников. Здесь всегда можно было встретить либо быстро собрать десять мужчин-добровольцев (так называемый *миньян*), необходимых для публичного чтения Торы, брачных, похоронных и других обрядов. Будучи волонтерами и не имея строго заданных обязанностей, они могли участвовать и в повседневной благотворительной деятельности, о чем упоминается в одном из трактатов Талмуда.

Синагоги стали и местом сбора пожертвований, ибо нигде больше нельзя было отыскать так много потенциальных доноров, регулярно собирающихся в одном и том же месте. Сначала это запрещалось по субботам, чтобы не связывать денежные дела со святым для евреев днем. Но это противоречило здравому смыслу: ведь именно в эти дни, когда в синагогу сходится почти вся община, и можно было серьезно пополнить общинный фонд для бедных.

Мудрецы школы Шаммая, наиболее строгие ревнители Торы и ее толкований, противились этой традиции. Однако последователи Гилеля, отличавшегося большей гибкостью (как, например, в случае с отменой долгов в Субботний год, замененных на *прозбол*), разрешали сбор пожертвований по субботам, и этот обычай затем возобладал.

Споры об этом среди мудрецов, правда, продолжались и позднее, но никто из них не противился тому, чтобы это происходило в синагоге. Возражения против этого встречаются лишь в Евангелии от Матвея: «Итак, когда творишь милостыню, не труби перед собою, как делают лицемеры в синагогах и на улицах, чтобы прославляли их люди» (Мф. 6:2), но этот взгляд уже отражает не еврейскую, а христианскую традицию.

Так можно ли, с учетом всего сказанного выше, считать религиозными еврейскую благотворительность и ее организации? Лоувенберг полагает, что в древней Иудее благотворительная деятельность, хотя и диктовалась религиозными заповедями, не была составной частью обрядов иудейской религии. И что, хотя большая ее часть совершалась в талмудический период в стенах синагог, ее организации являлись мирскими. Для обоснования этого мнения он приводит следующие неоспоримые, на его взгляд, аргументы.

Во-первых, благотворительность, как помощь бедным, практиковалась в Иудее задолго до появления синагог. В ранний период еврейской истории помощь бедным не предоставлялась в священных местах – ни у первых «малых алтарей», ни в Иерусалимском Храме. Это была местная деятельность – каждый земледелец оказывал помощь беднякам на своем поле, в усадьбе или в доме. Из этого правила было исключение, когда в какие-то годы периода Второго Храма его священники попытались централизовать благотворительность, выделив помещения для двух «тайных кладовых», куда богатые приносили и откуда бедные забирали свою десятину.

Эта попытка не имела успеха, и благотворительность осталась местной, децентрализованной и *не ритуальной*, в религиозном смысле этого слова, то есть мирской деятельностью.

Во-вторых, в иудаизме благотворительность никогда не была священнической деятельностью, то есть той, что входит в обязанности священников и выполняется ими. Во времена обоих Храмов почти все религиозные обряды совершались коэнами и левитами, тогда как долг благотворительности возлагался на каждого еврея, происходил ли он из этих родов или нет. Помощь шла напрямую: от одного человека к другому и без посредничества священников – в противоположность христианской традиции, где между жертвователем и получателем возникает фигура священника.

В-третьих, когда после утраты Второго Храма синагога становится главным средоточием еврейской жизни, ее основным институтом, она охватила и религиозную, и мирскую деятельность. Однако тот факт, что некоторые или даже все виды благотворительной деятельности проходили в ее стенах, вовсе не означает, что она носила священнический характер.

И наконец, следующий довод. Хотя помощь бедным рассматривается в иудаизме, как исполнение религиозной обязанности (в виде заповеди Торы – *мицвы*), возложенной на каждого еврея, ей, в отличие от почти всех остальных религий, не предшествует произнесение благословения или молитвы.

Все сказанное позволяет Лоувенбергу заключить, что благотворительность у евреев не есть часть религиозного культа, что она скорее является социальной обязанностью, получившей мощную поддержку иудейской религии и ее институтов[104].

«Свои» и «чужие»

Это, вероятно, одна из наиболее взрывоопасных проблем еврейской благотворительности и филантропии, и ее обсуждение обычно сопровождается острыми дебатами. В далеком прошлом – среди мудрецов, правителей и лидеров еврейских общин, сейчас – среди историков и социологов, политиков и религиозных деятелей.

Суть этих, так сказать, вечных дебатов можно выразить следующими вопросами. Помогали ли отдельные евреи и их общины в целом неееврейским бедным? Оказывали ли неееврейские общины поддержку еврейским бедным? Как

---

[104] Loewenberg, упом. соч., с. 167–172.

воспринимали еврейские лидеры евреев-бедняков, принимавших помощь от иноверцев – язычников и христиан?

Как считает большинство историков античной филантропии, на эти вопросы не было, да и сейчас нет однозначных ответов. Они неизбежно различаются, ибо зависят от времени и места, перемены условий жизни, религиозных и культурных норм в еврейской, языческой и христианской общинах Иудеи и окружающего ее греко-римского мира.

Исключение этнически и религиозно, социально и географически чуждого – таков был широко распространенный подход к благотворительности в древнем мире.

Греческий поэт Гесиод (8 век до н.э.) настойчиво советует не терять силы и время на тех, кто живет вдали, даже родственников, не говоря уже о врагах, а предпочитать своих, живущих по соседству, ибо они могут скорее ответить взаимностью[105]:

Друга зови на пирушку, врага обходи приглашеньем.
Тех, кто с тобою живет по соседству, зови непременно:
Если несчастье случится, – когда еще пояс подвяжет
Свойственник твой! А сосед и без пояса явится тотчас.

Примерно тех же взглядов придерживались грек Аристотель (4 век до н.э.), римлянин Сенека (1 век н.э.) и другие мыслители и писатели античности.

Этот подход отразился и в еврейско-эллинистической поговорке той же эпохи из Притч царя Соломона: «Не покидай друга твоего и друга отца твоего, и в дом брата твоего не ходи в день несчастья твоего: лучше сосед вблизи, нежели брат вдали» (27:10). Не следует ли и Тора этому подходу, когда во Второзаконии (15:7) и в других Книгах твердит о помощи *только брату своему*, то есть единоверцу – рабу единого Бога?

Различая «своего» и «чужого» в благотворительности, Библия и ее пророки вводят критерий *единоверия*, и тем

---

[105] Гесиод. *Труды и дни*, См. Гесиод. Полное собрание текстов, Москва, Лабиринт, 2001, с. 342–45.

подчеркивают объединяющую роль иудаизма – религии единого Бога. Это выглядит естественным. Как могла иначе появиться и выжить в древнем океане многобожия монотеистическая религия, а также племена, а затем и народ, ее исповедующие, если бы не существовал этот критерий различения «своего» и «чужого»? Потому и записано во Второзаконии: «...ты народ святой у Господа Бога твоего, и тебя избрал Господь, чтобы ты был собственным Его народом из всех народов, которые на земле» (14:1-2), и – «с иноземца взыскивай, а что будет твое у брата твоего, прости (15:3)».

Нередко этот, представляющийся исторически неизбежным, религиозный эгоцентризм древних евреев ставится им в упрек, а то и в вину.

Так, православный теолог Д. Константелос прямо заявляет, что «в древнееврейской Библии благотворительность означает просто служение людям той же расы и веры» и что «несмотря на встречающиеся упоминания о щедрости по отношению к язычникам, как, например, в вавилонском Талмуде, в течение многих веков в еврейской традиции объектом благотворительности были братья-евреи»[106]. Оставляя в стороне упоминание о расе в контексте религии и благотворительности, как, по меньшей мере, неуместное, стоит разобраться в том, почему вера может ограничивать доступ к помощи.

Во-первых, если это и ограниченность, то исторически обусловленная. Приоритет в благотворительности брату-еврею в древности – это скорее не ограниченность ее, а «органичность» – внутренне присущая иудаизму защитная функция в эпоху его становления и выживания.

Во-вторых, подобная «ограниченность-органичность» свойственна и другим религиям монотеизма, особенно в период их зарождения и становления. Напомним, например, отношения христиан и язычников в поздней Римской

---

[106] См. доклад Д. Константелоса на сайте
http://www.rondtb.msk.ru/info/ru/Constantelos_ru.htm

империи или христиан и мусульман в эпоху Крестовых походов, не говоря уже о взаимном недоверии и отталкивании христиан и евреев в Средние века. Во всех этих случаях чужеземец и иноверец, как правило, исключались из благотворительности каждой религии.

***

Однако признавая неизбежность этих исключений и запретов, историки отмечают, что в течение нескольких веков талмудической эпохи и в столетия вслед за ней ограничения еврейской социальной помощи эволюционировали, отражая новые условия жизни евреев в Иудее, а особенно в диаспоре. Вот как эта эволюция согласно Лоувенбергу происходила[107].

Уже в талмудическую эпоху мудрецами были установлены рациональные правила, регулирующие приоритеты в поддержке бедных. Позднее, в Средневековье и Новое время, они были неоднократно, с изменением условий, уточнены в раввинистической литературе.

Так, в Талмуде было установлено, что сначала следует помочь брату по отцу, а далее в следующем порядке – брату по матери, бедным соседям, бедным Иерусалима, бедным других городов Земли Израиля и, наконец, бедным диаспоры. Подразумевалось, хотя прямо не заявлялось, что помогать следует, в первую очередь, еврейским бедным.

Однако довольно рано мудрецы стали разрешать и «чужим» бедным выходить в поле и пользоваться вместе со «своими» долей урожая для бедняков, так же как собирать и потреблять плоды урожая Субботнего года. К этому решению мудрецы пришли «ради мира» в регионе с этнически и религиозно смешанным населением, каким издревле является Палестина.

Добрые отношения с нееврейским населением становились особенно важными в эпоху Хасмонеев (2-1 вв. до н.э.), когда его численность и доля резко выросли на уве-

---

[107] Loewenberg, упом. соч., с. 173–79.

личившейся в несколько раз территории Иудеи, а в иудаизм постепенно обращались издавна проживавшие здесь родственные семитские племена.

К смягчению запретов вели также реалии жизни Иудеи в Римской империи с ее интенсивным смешением этносов и религий. И в первую очередь, то обстоятельство, что евреи были в меньшинстве в эллинистических городах Иудеи, построенных еще Иродом Великим в 1 веке до н.э., не говоря уже о растущей еврейской диаспоре на территориях других стран. К компромиссу подталкивало также ограничение римскими властями еврейской автономии.

Все это делало жизненно необходимым добрососедство с языческим, особенно с греческим населением, с которым у евреев как в Иудее, так и в диаспоре были весьма напряженные – на религиозной, гражданской и деловой почве – отношения, доходившие временами до кровавых столкновений.

Понятно, что поведение, основанное на исключительности, становилось несостоятельным и даже опасным. Вместо правила помогать лишь «своим», иными словами – самоизоляции еврейской благотворительности, мудрецы и лидеры общин на практике проводили принцип «добрые соседи заботятся друг о друге».

Однако – на началах взаимности. Еврейская община была готова помогать иноверцам и иноземцам, но, как сказали бы дипломаты, «на симметричной основе». Если богачи-язычники будут делать взносы в еврейские общинные фонды, тогда за их счет будет идти также помощь бедным из языческой среды. Талмудом было введено правило, по которому в городе со смешанным еврейско-языческим населением, представители еврейского фонда, «ради мирных отношений», собирают взносы и распределяют помощь в обеих группах.

Это здравое решение далось, однако, непросто. Одни историки талмудической эпохи пишут, что требование взаимности было реакцией на нерегулярные взносы нееврейских богачей, тогда как бедняки языческой общины обращались за помощью регулярно. Другие утверждают, что ранние тексты Мишны и Талмуда часто свидетельствуют о вынужденности и неохотности допуска иноверцев к еврейским фондам, о том, что на это – ради мира, а то и собственной безопасности – приходилось идти в городах, где иноверцы были в большинстве. Наконец, есть исследователи, считающие, что в римскую эпоху, то есть вплоть до 5 века, отношения евреев и язычников, будучи в основном мирными, лишь изредка прерывались трениями, а то и столкновениями.

Во всяком случае, большинство историков сходятся на том, что эти отношения были особенно хорошими в правление императора Септимия Севера и его сына Каракаллы (195–235 гг.), поскольку эти правители давали пример благоприятствования евреям. Даже мудрецы Талмуда, с недоверием относившиеся к любым римским властям, подтверждают это агадическими (полулегендарными) историями о дружбе Каракаллы с патриархом Иудеи рабби Иегудой.

О характере отношений евреев с Северами, свидетельствует греческая надпись 197 года, найденная на развалинах синагоги в Галилее, с еврейской молитвой, посвященной императору-идолопоклоннику и его семье. Именно этот император предоставил римское гражданство всем жителям империи, которое ранее могли получить лишь немногие, и борьба за этот почетный статус нередко бывала причиной межэтнических и межрелигиозных трений в провинциях, в том числе, между язычниками и евреями в Иудее.

Отношения евреев и язычников временами оставались дружелюбными и в дальнейшем. Так, в начале 4 века вновь, после предшествующей отмены, были подтверждены все муниципальные права евреев Иудеи, так же, как и все остальные их привилегии в качестве римских граждан. Но произошло это на фоне ухудшающихся отношений уже не с языческим, а с растущим христианским населением. Св. Иероним, один из отцов церкви, живший в тот период в Вифлееме, был весьма удручен этим решением, что следует из его комментариев к Библии.

Как замечает Лоувенберг, часто проявляемая в них недоброжелательность к евреям, могла отражать обострение их отношений с христианами в период, когда они, будучи здесь религиозным меньшинством, стремились не только отделить себя от иудаизма и еврейской общины, но и превзойти ее в глазах властей и языческого населения.

В других провинциях империи эти отношения были спокойнее – здесь обе общины были в меньшинстве, и эта общая судьба вынуждала обе группы быть терпимее друг к другу.

***

Однако в целом римской эпохе, несмотря на периоды дружелюбия или просто терпимости, присуща тенденция к ухудшению взаимоотношений еврейского и нееврейского населения Иудеи. И это естественно. Каковы бы ни были конкретные причины и поводы к тому, евреи навсегда запомнили, что это римляне лишили Иудею независимости при Помпее, разрушили Второй Храм при Веспасиане и Тите, надолго оккупировав Иудею, а при Адриане, после восстания Бар-Кохбы, сравняли Иерусалим с землей, запретив евреям там впредь поселяться.

Чрезмерная жестокость, проявленная римлянами при усмирении Иудеи, как и алчность, с которой они обложили ее налогами и поборами, запомнились надолго, сказавшись на взаимоотношениях евреев и язычников в течение многих поколений. С другой стороны, римское правление принесло языческому населению Иудеи немало выгод, и оно вовсе не хотело возвращения еврейской независимости или автономии, сотрудничая, нередко в ущерб интересам своих еврейских соседей, с римскими властями.

Могло ли все это способствовать доброжелательным отношениям? Со временем брешь в отношениях евреев и язычников разрасталась, превращаясь в пропасть – антагонизм и враждебность с обеих сторон сменили относительную гармонию и добрососедство. Среди евреев это привело к общей антипатии и отвержению всего, что связано с нееврейской жизнью. Даже публичные сооружения типа бань, рынков, мостов, построенные в Иудее римлянами и в общем-то улучшающие жизнь всего города, были под подозрением.

То, что талмудические мудрецы не раз осуждали евреев, соглашавшихся в крайней бедности, а то и в нищете получать благотворительную помощь от неевреев, следует объяснить именно подобным развитием ситуации, а не какими-то особыми теологическими, экономическими или политическими причинами. К тому же эти осуждения, а то и запреты, не были эффективными – бедные, как с той, так и с другой стороны, будучи в крайней нужде, обращались за поддержкой туда, где они могли ее получить.

Многие рабби призывали не доверять благотворительности язычников. Одни называли ее неискренней, потому что они, язычники, не столько озабочены нуждой бедных, сколько поисками признания или славы за свою добродетельность. Другие подозревали римлян в скрытых мотивах их помощи бедным евреям. Своей благотворительностью римляне хотели, мол, завоевать широкую поддержку своей оккупации и закрепить зависимый от империи статус еврейской общины.

Следующий рассказ из Талмуда иллюстрирует оценку римской филантропии его авторами. Однажды римский губернатор объездил все деревни своей провинции, чтобы конфисковать весь урожай, до которого могли дотянуться его руки. Завершив это черное дело, проведенное им с превеликой жестокостью, он захотел восстановить свое «доброе имя» и для этого решил пожертвовать бедным одного города малую часть из награбленного.

Обсуждая эту историю, многие мудрецы соглашались с тем, что такова, мол, вся филантропия неевреев. О том, как далеко, вплоть до разрыва с реальностью, может завести неприятие «чуждого» говорит следующее утверждение Талмуда: «Хоть все больше евреев получает благотворительную помощь от неевреев, евреи находятся в силе, а неевреи зависят от них. Евреи главенствуют, а неевреи следуют за ними»[108]. Историки не могут установить точное время написания этого текста и теряются в догадках насчет смысла этого противоречивого, иносказательного или зашифрованного заявления, каких в Талмуде немало.

***

Как бы ни была сильна антипатия мудрецов к нееврейскому миру, в том числе, к его благотворительности, как бы широко эти взгляды ни проникали в еврейские массы, реалии их жизни в империи вынуждали рядовых евреев Иудеи и диаспоры вести себя иначе.

При императорах Нерве, Траяне и Адриане (98—138 гг.) действовала программа помощи детям из бедных семей римских граждан. В Иудее было тогда тяжелое время, и многие еврейские родители, вопреки запретам мудрецов, отправляли своих детей за «римским пайком». Некоторые рабби были так этим возмущены, что требовали (хотя и не преуспели) лишить их родителей права свидетельствовать в еврейском суде. Однако все больше евреев Иудеи вынуждено было прибегать к имперской и муниципальной помощи римских властей.

Схожей была ситуация и в Риме, где проживало много евреев. При императоре Августе, на стыке старой и новой эры, число бедных среди них было столь велико, что толерантные власти Рима, считаясь с предстоящей субботой, по пятницам выдавали евреям двойную порцию продовольствия, и им было даже разрешено получать деньги взамен некошерного масла.

В последующие столетия положение еврейской бедноты в Риме, однако, существенно переменилось. Император Юлиан Отступник (правил в 361—363 гг.) признает в одном из писем к наместникам римских провинций, что в его дни среди евреев, как и среди христиан города, нет людей, просящих милостыню, и призывает к созданию столь же эффективной системы помощи для бедных в языческой среде, где нищих тогда было особенно много.

---

[108]Цит. по Loewenberg, упом. соч., с. 177 (перевод мой – *Ф. Ф.*).

Это наблюдение отразило в корне изменившуюся ситуацию. Христианство уже стало господствующей религией и церковь образовала новую систему благотворительности. Еврейские общины Иудеи и диаспоры реорганизовали свою, обеспечивая бедных за счет не только персональной, но вновь созданной общинной благотворительности. Уже не одно столетие до того – тем более в дальнейшем, вплоть до наших дней – каждая из них, как и обе религии в целом, пошли своим путем, постепенно отгородившись друг от друга почти непроницаемой стеной.

Однако унаследовало ли христианство идеи и опыт древней еврейской благотворительности – когда, как и что именно? Попытка ответа на эти непростые вопросы предпринята в следующей и заключительной главе книги.

7. Как «творили благо» у иудеев и ранних христиан

Ответом на, казалось бы, риторический вопрос, заданный в конце предыдущей главы, мог бы стать, по еврейскому обычаю, другой вопрос. Разве не заповедями Пятикнижия Моисея, обличениями и наставлениями иудейских пророков насчет помощи бедным, сиротам, вдовам и странникам полны Евангелия, труды и проповеди отцов церкви, христианских миссионеров, святых и многих поколений духовенства всех уровней за прошедшие две тысячи лет?

Речь идет, однако, не о «цитировании» иудейских источников в христианской религиозной литературе и практике. Это стало неизбежным, раз иудейский «Закон и Пророки», пусть в переводах, местами искажающих их изначальный смысл – сначала в греческом (Септуагинта), затем в латинском (Вульгата) – вошел в христианский канон. Вопрос в том, как и что именно из идей и опыта благотворительности древних евреев проникло в первые века христианства в ее систему благотворительности. Ведь именно тогда зачинателями и провозвестниками, агитаторами и организаторами новой религии были, главным образом, евреи, жившие в Иудее и диаспоре.

Но прежде, чем говорить об особенностях этой эволюции, следует рассмотреть, хотя бы в общих чертах, как в тот период шел весьма сложный и продолжительный процесс рождения новой религии по цепочке «иудеи-иудеохристиане-христиане»[109].

---

[109] Анализу этого сложного и противоречивого процесса посвящен огромный массив научной, религиозной и популярной литературы. Особенно наглядно и доступно он освещен, по мнению автора,

Иудеи, иудеохристиане, христиане – процесс трансформации

Этот период издавна был объектом пристальных исследований как с христианской, так и с еврейской стороны. Еврейскую сторону в этом анализе особенно интересовал следующий вопрос. Не в ту ли «младенческую» пору христианства были заложены истоки последующего многовекового преследования евреев? Причем не только как приверженцев «материнской» религии, что выразилось в антииудаизме христианского мира, но и как этнической общности, то есть антисемитизма.

После трагедии Холокоста подобный интерес резко возрос не только у светских ученых, но и среди христианских теологов, многие из которых испытывали комплекс вины за ужасные преступления нацизма в христианской Европе. Они задались сходным вопросом: не коренятся ли антииудаизм и антисемитизм зрелого христианства в своем источнике, а именно – в иудеохристианстве?

В попытке ответить на этот в общем-то риторический для еврейской стороны вопрос Жан Даниелу (Jean Daniélou) – известный католический ученый, автор труда «Богословие иудеохристианства» (1958), а по совместительству папский кардинал и член Французской Академии – обращает внимание на следующее.

То обстоятельство, что «книги Нового Завета написаны по-гречески и связаны с эллинистическим христианством... долгое время мешало понять, что христианство, зародившееся в семитской среде, в социальном и культурном отношении было поначалу теснейшими узами связано с иудейским миром». Вот почему, заявляет он, архео-

---

в работе известного историка-библеиста из США Лоуренса Шиффмана – *От текста к традиции. История иудаизма в эпоху Второго Храма и период Мишны и Талмуда*, Серия: Библиотека Иудаика, Москва, Мосты Культуры, 2002.

К ней мы и отсылаем читателей, интересующихся более полным освещением этой проблемы.

логические поиски последних лет позволили как бы заново открыть иудеохристианство – «...благодаря многим, как бы в одну точку бьющим открытиям, касающимся как иудейской среды той эпохи (рукописи Мертвого моря), так и иудеохристианской (рукописи Наг-Хаммади в Египте) и, наконец, иудеохристианские могильные надписи, найденные в Палестине»[110].

***

Немецкий протестантский теолог Клаус Венгст (Klaus Wengst) приходит к тому же заключению, но как бы «от обратного». Многие слышали или читали, пишет он в статье «Когда возникло христианство», что первые христиане были иудеями[111]. Но ведь это утверждение очень непросто для понимания: разумеется, все они были иудеями. *Но были ли они еще и христианами?* Вот изложение его ответа на этот, казалось бы, неожиданный вопрос.

Евангелия, утверждает К. Венгст, рисуют Иисуса, как иудея, жившего в иудейской среде и редко имевшего контакты с не-иудеями. Нередко он вступает в конфликт с другими иудейскими течениями, а иногда солидаризируется с ними. Всякая интерпретация евангельского Иисуса, как возвысившегося над иудаизмом, преодолевшего его или даже порвавшего с ним, возможна только в случае пренебрежительно-невнимательного отношения к еврейским источникам, их игнорирования или непонимания.

Прослеживая эволюцию христианства на других ключевых рубежах его ранней истории, Венгст задается вопросом: если справедливо, что христианство началось не с

---

[110] Жан Даниелу, *Новый взгляд на христианские истоки*, журнал «Символ», 1983, №9, 33–45.
Цит. по тексту, опубликованному на сайте http://www.jcrelations.net/.2768.0.html?L=7
[111] Клаус Венгст. *Когда возникло христианство?* – перевод с немецкого Ю. Табака.
Русский текст опубликован 01.08.2004 на сайте http://www.jcrelations.net/.2857.0.html?&L=7

исторического Иисуса, то не с веры ли в Иисуса воскрес-шего? И отвечает: уже в самом вопросе содержится отрицательный ответ. Те, кто поверили в это, все еще были иудеями, славившими Бога не только за «Сотворение земли и неба» и за то, что «Он вывел евреев из Египта», но и за то, что «Он воскресил Иисуса из мертвых». Они верили, что «Иисус – это и есть тот Мессия», приход которого обещали библейские пророки.

О том, что это мессианское движение существовало в Иерусалиме в начале войны евреев с римлянами, наряду с другими иудейскими движениями, и о том, что его воспринимали в качестве иудейского движения, свидетельствует в своих трудах еврейский историк Иосиф Флавий.

Следует принять во внимание, что апостол Павел, будучи иудеем, не был «гонителем христиан», а будучи проповедником Евангелия Иисуса Христа, еще не был христианином. Разумеется, он изменился, но изменение это состояло в том, что из иудея фарисейского круга он превратился в иудея мессианской веры. Павел никогда не отказывался от своего иудейства: «Они Евреи? и я. Израильтяне? и я. Семя Авраамово? и я» (2 Кор 11:22). То же он заявляет в другом месте: «Ибо и я Израильтянин, от семени Авраамова, из колена Вениаминова» (Рим 11:1). Вот что он говорит о себе и апостоле Симоне Петре: «Мы по природе Иудеи, а не из язычников грешники» (Гал 2:15).

Еврейские общины Средиземноморья, продолжает Венгст свой экскурс, издавна включали в себя сочувствующих из неевреев, которые в разной степени усвоили иудейские традиции и участвовали в еврейской жизни. Поскольку они еще не принимали обрезания, не всегда участвовали в субботних службах, не были строги в других правилах, их относили лишь к «богобоязненным», но еще не к иудеям.

Поначалу их число было невелико. Потому что в древнем мире, сложилось, с одной стороны, негативное отношение к иудаизму. В эллинистически-римский период оно выражалось, например, в том упреке образованных людей, что евреи, мол, демонстрируют нетерпимость не только к пришельцам и людям в целом, но и ко всему цивилизованному, то есть, римскому миру. К. Тацит, к примеру, писал, что религиозные обряды, введенные Моисеем, враждебны «...всему тому, что исповедуют остальные смертные. Иудеи считают богопротивным все, что мы признаем священным, и, наоборот, все, что у нас запрещено как преступное и безнравственное, у них разрешается»[112]. На пути к обращению в иудаизм людей с более высоким социальным статусом возникало немало препятствий. Одно из них – обрезание, болезненное и непонятное, другое – суббота еврея для которого, по словам римского сатирика Ювенала, каждый субботний день – без забот, огражденный от всяких житейских занятий.

Но, с другой стороны, для части нееврейского общества римской эпохи иудаизм был вполне привлекательным, в особенности, единобожием и превосходством своей этики. Обратиться в иудаизм более всего хотели люди из низов, лишенные доступа к удовольствиям социальной жизни того времени. Становясь иудейскими прозелитами, они, посещая синагогу – центр ее религиозной и социальной жизни, могли активно участвовать в жизни общины, не говоря уже о доступе к ее социальной помощи, хорошо развитой по меркам античности. Сходный процесс полного или частичного обращения, как и в случае с «боящимися Бога», мог проходить и в мессианских общинах.

Положило ли начало христианству присоединение к этим общинам не-иудеев? – задается новым вопросом Венгст. И вновь отвечает – еще нет.

И здесь предпочтительнее было не предпринимать последнего шага, оставаясь сочувствующим и сохраняя возможность беспрепятственно исполнять требования нееврейского общества. Доброжелательно и с симпатией относясь к иудейской общине, они занимали как бы второй ряд. Они участвовали в жизни синагоги, а иногда поддерживали общину деньгами или использовали свое влияние

---

[112] Тацит, упом. соч., V, 4.

на местные власти, когда случались конфликты или того требовали интересы еврейской общины.

Объединение иудеев и не-иудеев, поверивших в «еврейского Мессию» Иисуса еще не положило начало христианству, хотя и составило его предварительное условие. То, что христианства еще не существовало, доказывается по-прежнему тесными связями движения с синагогой – связями, которые рассматривались как нечто вполне естественное. Павел регулярно посещал синагогу и его деятельность рассматривалась как внутреннее дело еврейской общины. Он подлежал ее наказаниям и в пяти случаях ему присуждали «по сорока ударов без одного» (см. 2 Кор 11:24).

Значит, его деятельность сопровождали конфликты. Меньшая часть общины принимает мессианское провозвестие, бо́льшая – нет. Для последних, строже исповедующих иудаизм, пришествие Мессии ассоциировалось с установлением мессианского царства. Но оно не наступило, ибо сколько-нибудь заметных изменений в мире явно не произошло. Так в результате конфликтов малая часть общины постепенно выделилась в отдельное течение, и вскоре Павел был изгнан, или был вынужден уйти из синагоги, уведя за собой своих сторонников.

Но и уход из синагоги, не означал еще основания нового «общества». Павел лишь отказался от проповеди нового пути в рамках синагоги. За ее пределами, в языческих или иудейских домах, ставшими впоследствии «домашними церквями», он обращается к тем же людям, что и в синагоге – сначала к иудеям, все еще полностью соблюдавшим Моисеевы заповеди, а уже потом к «богобоязненным эллинам», соблюдавшим их частично и нерегулярно.

Решительный поворот – даже переворот – случился в ходе многих проповеднических миссий Павла и его сподвижников среди язычников в Греции, Малой Азии и на Ближнем Востоке, сопровождавшихся конфликтами с «твердокаменными» иудеями как в мессианских, так и в еврейских общинах.

Именно тогда Павел пришел к заключению, что для обретения спасения со стороны «иудейского Мессии» Иисуса достаточно лишь веры в Него, что она избавляет поверивших Ему от следования еврейскому Закону. Он доказывал колеблющимся, что Иисус своим следованием этому Закону, то есть смертью на кресте и Воскресением в качестве обещанного пророками Мессии, как раз и освободил всех остальных (и евреев, и язычников) от ритуальных требований Ветхого Завета, заменив их верой в Спасителя. То есть Новым Заветом.

Если раньше от обрезания и диетических правил – основных трудностей для обращения неевреев – освобождались лишь они, то теперь, чтобы уравнять и сблизить всех членов общины, они становились необязательными и для иудеев, и для «иудействующих». Если раньше тем и другим было трудно, а то и невозможно, быть равными, например, встречаться за трапезой или быть в домах друг у друга, то теперь и эти преграды отпадали.

Постепенно, продолжает К. Венгст, появляется нечто новое. Новое самосознание, охватывая евреев и неевреев, людей разных национальностей и различных социальных групп, мужчин и женщин, объединяет их в новую общность, в которой они ощущают себя равными. Самосознание неиудейских последователей движения становится тем же самым, что и у иудеев, нашедших своего Мессию. «Нет уже Иудея, ни язычника; нет раба, ни свободного; нет мужеского пола, ни женского: ибо все вы одно во Христе Иисусе», - напишет позднее Павел в послании Галатам (3:28).

Но и здесь, еще не завершился переход от иудеохристианства к христианству. Полный отказ от еврейского образа жизни в мессианских, или, как их ныне нередко зовут, в диссидентских еврейских общинах, был не актом, а долгим и болезненным процессом. Ведь это был отказ от еврейской идентичности, включая повседневные религиозные ритуалы. Из христианских писаний первой трети 2 века, не вошедших в Новый Завет, становится ясно, что са-

мостоятельная христианская идентичность стала окончательно формироваться именно тогда, когда появились
особые религиозные обряды, которые не имели аналогов
в иудаизме и подчеркивали контраст с последним.

Незавершенность перехода хорошо иллюстрируется
композицией «Дидахе», или «Учения 12 Апостолов» —
наиболее информативного неканонического источника о
доктрине и жизни ранней церкви, написанного разными
авторами в период 50-150 гг. нашей эры.

Его первая часть — это собрание моральных поучений,
совпадающих с современной ему раввинистической лите-
ратурой. В них обильно цитируется Тора, в том числе и заповеди насчет бедных. К примеру, такая: «Не отворачи-
вайся от нуждающегося, но разделяй все с братом своим,
и не говори, что это твоя собственность, ибо если вы име-
ете общение в бессмертном, не тем ли паче и в смертных
вещах?» (2:8-9). Вторая часть посвящена правилам кре-
щения и евхаристии (причастия), а третья содержит
наставления для епископов и дьяконов.

Вот в этих-то двух частях уже четко проповедуется разделение ритуалов — христианского и иудейского. Вот что
записано здесь о постах: «Да не совпадают посты ваши с
постами лицемеров; ибо они постятся во второй и пятый
день по субботе, вы же поститесь в среду и в канун (субботний)» (8:1). Здесь же настойчиво требуют, чтобы молит-
венная практика была сознательно отличной от иудейской: «... не должны вы молиться как лицемеры, но как
повелел Господь, в своем Евангелии» (8:2). Воскресенье
еще открыто не противопоставляется Субботе, однако об-
ряд его уже христианский — с преломлением хлеба на общей трапезе, благодарением Спасителя и исповедованием
грехов перед ним. Однако в Послании к магнезийцам Иг-
натия, епископа Антиохийского (98-117 гг.), уже требуется
жить «жизнью Воскресенья», а не «субботствовать» (9:1).

Хотя каждый такой факт может показаться не столь уж
и значительным, замечает Венгст, но в сумме своей все такие факты показывают, как подрывалась изнутри иудейская идентичность. Евреям-христианам (иудеохристиа-

нам) приходилось демонстрировать свое благочестие в отчетливо антииудейских формах. Игнатий Антиохийский в том же послании неоднократно противопоставляет жизнь по-христиански жизни по-иудейски и решительно заключает: «не в иудейство уверовало христианство, напротив, иудейство в христианство, в котором соединились все языки, уверовавшие в Бога» (10:1-3). Здесь же он призывает покончить со всем тем, что принадлежит старому, то есть иудаизму, прямо упоминая иудейскую традицию избавляться от квасного: «Итак, извергните худую закваску, устаревшую и испортившуюся, и изменитесь в новый квас, который есть Иисус Христос» (10:2).

Таким образом, заключает К. Венгст свой примечательный экскурс, христианство, родившееся первоначально в лоне иудаизма, пережило *родовую травму*: чтобы стать независимой религией, оно должно было принять отчетливо антииудейский характер. Таковым оно и оставалось на протяжении веков, накопив в себе мощный потенциал антииудаизма, в который, по мнению многих христианских теологов, уходит корнями и последующий антисемитизм христианского мира.

Гарет Ллойд Джонс, еще один протестантский ученый, упоминая о том, что Иоанн Богослов в своем Евангелии ссылается не менее семидесяти раз на «иудеев» и ведет с ними острую полемику, показывает, что речь здесь идет не о столкновениях между иудеями и не-иудеями, а о внутрииудейских спорах. И слышны тут отголоски не только споров в период начального христианства, еще при Иисусе, но и столкновений позднего первого века, когда Иоанн писал четвертое Евангелие. Ибо именно тогда эти споры были особенно злободневными.

Первые христиане, будучи в большинстве своем выходцами из иудейской среды, преследовались ею, и они, споря со своими соплеменниками, охотно прибегали к самым резким выражениям насчет своих противников. Хотя и соплеменников, но уже не единоверцев[113].

***

Геза Вермеш, рассматривающий эволюцию иудеохристианства в христианство с «иудейской стороны», так пишет о ее завершающем аккорде. По концепции апостола Павла, уже почти идентичной с западным христианством, Тора была извращенно трансформирована из источника жизни в инструмент смерти. Вот что писал Павел: «...когда мы жили по плоти, тогда страсти греховные, [обнаруживаемые] законом, действовали в членах наших, чтобы приносить плод смерти; но ныне, умерши для закона, которым были связаны, мы освободились от него, чтобы нам служить Богу в обновлении духа, а не по ветхой букве» (Рим. 7:5-6). И там же еще точнее: «...конец закона – Христос» (10:4).

Вермеш был, однако, убежден в том, что «исторический Иисус», в отличие от Евангельского, все еще принадлежал к одному из течений фарисейского иудаизма. И вряд ли будет преувеличением сказать, уточняет он, что с появлением Павловой Благой Вести океан разделяет его религию от религии Иисуса-еврея[114].

Окончательное разделение отвечало и интересам раввинистического иудаизма, его новых хранителей и учителей. После 70-го года, когда Храм был разрушен, иудаизм воссоздавался в фарисейско-талмудической форме и, чтобы выжить, он нуждался в единстве и строгости. Его лидеры уже не могли допустить того разнообразия диссидентских течений, какое имело место в эллинистический период еврейской истории. Все они, особенно мессианские общины, были отнесены к еретическим.

---

[113] Гарет Ллойд Джонс, *Обличительные слова: новозаветные тексты, затрудняющие иудео-христианский диалог*, пер. с англ., С.-Петербург, Герменевт, 1997.
См. текст на сайте http://www.jcrelations.net/.2834.0.html?L=7
[114] Vermes, *The religion of Jesus the Jew*, Fortress Press, 1993, p. 212.

В свою очередь, с христианской стороны началось преследование тех иудеохристианских общин (например, секты эбионитов – «бедных людей»), члены которых, наряду с верой в Иисуса – но лишь как в Мессию, а не в воскресшего Сына Бога – продолжали придерживаться многих заповедей еврейской Торы. Эти поздние иудеохристиане, исчезнувшие примерно в 5 веке, были задолго до этого объявлены католической церковью еретиками и, их остатки, как утверждает Вермеш, скорее всего, вернулись в лоно иудаизма[115].

Иудейские корни благотворительности ранних христиан

Прояснив, пусть поверхностно, вопрос о том, как долго продолжалось иудейское влияние на раннее христианство, обратимся к другому. В чем же состояло в это переходное время влияние иудаизма на идеи и формы ранней христианской благотворительности?

В течение многих столетий среди историков и практиков филантропии, как и в широкой публике по обе стороны Атлантики, отмечает Лоувенберг, утвердилось мнение, что вплоть до появления христианства не существовало организованной благотворительности и что помощь бедным и несчастным является изобретением лишь христианской религии.

Немецкий историк Г. Ульхорн (G. Uhlhorn) не был одинок, когда писал еще в 1883 году, что «новым явлением, неизвестным прошлому, было возникновение в христианских общинах организованной системы благотворительности». Хотя он и находил «следы благотворительных

---

[115] Там же, с. 214.
См. также статья *Ebionites*, International Standard Bible Encyclopedia
http://www.bible-history.com/isbe/E/EBIONISM%3B+EBI-ONITES/

усилий» в древнем иудаизме, но считал, что лишь с полным развитием христианства была преодолена «ограниченность, присущая еврейской благотворительности, которой не хватало непосредственности и которая помогала только евреям»[116].

Лоувенберг замечает, что ограниченность была присуща скорее взглядам этого известного историка христианской благотворительности, труд которого, появившись более ста назад, до сих пор активно изучается. И добавляет, что это еще один пример имевшей место вплоть до 2-й мировой войны «традиционной антипатии немецкого ученого мира к иудаизму», о чем также писал Геза Вермеш[117].

Однако и в наши дни, продолжает Лоувенберг, есть историки, взгляды которых отличаются аналогичной узостью. По их мнению, христианская благотворительность появилась, в основном, под влиянием греческих идей и практики филантропии. Особенно наглядно эта точка зрения выражена в трудах доктора православной теологии из США Деметриоса Константелоса (Demertrios Constatelos).

В обширной работе о филантропии в Византии (1991) он утверждает, что христианская любовь-милосердие (agape – агапа) является прямым наследием греческой филантропии и что византийское, то есть христианское, понятие филантропии более всего вытекает из воззрений и философии древнего эллинизма[118]. Во всей его работе едва упоминаются виды помощи бедным и благотворительные организации древнего иудейского общества, в котором Иисус и первые христиане жили. Неслучайность

---

[116] G. Uhlhorn, *Christian charity in the ancient church*, Edinburgh, 1883, p. 5 (перевод мой – *Ф.Ф.*).

[117] Gesa Vermes, упом. соч, p. 2.

[118] Demetrios Constatelos, *Byzantine philanthropy and social welfare*, New Rochelle, NY, 1991, p. ix.

этого подхода подтверждается и в последующих его работах[119].

Однако, сторонники этой точки зрения, замечает Лоувенберг, по незнанию или сознательно, упустили из виду систему еврейской благотворительности древней Иудеи и диаспоры, с которой были хорошо знакомы первые христиане. Потому, что они еще долго были правоверными евреями, соблюдавшими – наряду с верой в мессию Иисуса – также Субботу и кашрут. Не следует также забывать, что почти все авторы новозаветной литературы выражают взгляды, противоположные эллинской практике и идеям, предпочитая именно иудейские традиции, среди которых они выросли.

Так, Евангелие от Луки приводит слова Иисуса, осуждающие греческую практику гостеприимства «на основе взаимности» и советующие делить кров и пищу с бедными, даже если они не могут отплатить тем же, и это созвучно иудейскому подходу того времени: «Сказал же и позвавшему Его: когда делаешь обед или ужин, не зови друзей твоих, ни братьев твоих, ни родственников твоих, ни соседей богатых, чтобы и они тебя, когда не позвали, и не получил ты воздаяния. Но, когда делаешь пир, зови нищих, увечных, хромых, слепых, и блажен будешь, что они не могут воздать тебе, ибо воздастся тебе в воскресение праведных» (Лук.14.12-14). И это лишь один из многих примеров, демонстрирующих прямую связь между обычаями еврейской и ранней христианской благотворительности.

Американский исследователь Библии Луис Кантримен (Louis Countryman) убежден, что большее предпочтение, отдаваемое ранними христианами, или иудеохристианами еврейской модели благотворительности, по сравне-

---

[119] Деметриос Константелос, *Истоки христианской православной диаконии: христианская православная благотворительность в церковной истории* – см. текст здесь http://www.rondtb.msk.ru/info/ru/Constantelos_ru.htm

нию с ее греко-римским вариантом, имело огромное влияние на последующую эволюцию филантропических организаций всего западного мира.

Дэвид Флуссер (David Flusser), известный израильский историк той эпохи, в своей работе об иудаизме и происхождении христианства (1988) подчеркивает, что еврейские источники имели гораздо большее влияние на первых христиан, чем греко-римский мир[120].

Эти и другие авторы согласны в том, что организации ранних христиан, включая благотворительные, отражали преимущественно иудейскую практику, особенно в иерусалимской общине, объединявшей двенадцать первых апостолов.

***

Признание важности традиций иудаизма для развития благотворительного опыта первых христиан, не должно, вместе с тем, затушевывать растущие различия двух религий, их идей и практики в деле поддержки бедных. Многие из этих различий выявились гораздо раньше, чем состоялась, по выражению Г. Вермеша, «миграция христианства от иудаизма к греко-римскому миру» в результате миссионерства в этом мире апостола Павла с коллегами и его разрыва с иудейским каноном[121].

Так, если по учению Мишны (1 век) помощь бедным и воздаяние за нее укоренены в настоящем, поучения ранних христиан на этот счет ориентированы на будущее и нередко увязаны с ожидаемым концом света и Последним Судом, где и воздастся всем милосердным и щедрым (см., например, Мат. 25:31-46). Этот подход ранней церкви отражает скорее воззрения еврейских сект типа ессеев или кумранитов, чем идеи фарисеев – предтеч раввинистического иудаизма.

Еще большее различие выявилось, когда первые отцы церкви разорвали прямую связь дарителя и получателя помощи, введя между ними в качестве посредника Бога, а затем и его земных представителей – священников и

---

[120] См. Loewenberg, упом. соч., с. 182.
[121] Vermes, упом. соч., с. 212.

иерархов церкви. Теперь от них стали зависеть и богатые, и бедные, что дало в руки церкви, как собирателя и распределителя благотворительных пожертвований, мощное оружие власти и влияния. В дальнейшем, по мере распространения в греко-римском мире, первоначальное христианство не только перенесло туда традиции еврейской благотворительности, но и усвоило ряд подходов филантропии этого мира, выработав, в конечном счете, свою собственную модель.

∗∗∗

Вот какими были особенности ее становления.

Новая религия, желая преуспеть и приобрести сторонников, должна была привлечь их чем-то большим, чем только спасением души и вечным блаженством. Чтобы стать массовым движением, такая религия обязана была предоставить своим сторонникам, прежде всего из низших классов, то, в чем они остро нуждались «здесь и сейчас», а именно – кров, еду и другую материальную помощь, а также душевное сочувствие их текущим бедам и нуждам. И в самом деле, во многих частях Нового Завета его авторы возвеличивают бедных и осуждают богатых, противопоставляют бедность и низкое происхождение – богатству и знатности. Ранние христианские общины, однако, допускали в свои ряды и богатых, если они откажутся от своего состояния, распределив его среди бедных или доверив эту миссию общине.

Отсюда, вытекает, по словам Карла Каутского, известного немецкого историка-марксиста, «пролетарский характер» этих общин[122]. Он подтверждает этот тезис, цитируя апостола Павла из 1-го Послания к Коринфянам: «Посмотрите, братия, кто вы, призванные: не много из вас мудрых по плоти, не много сильных, не много благородных; но Бог избрал немудрое мира, чтобы посрамить мудрых, и немощное мира избрал Бог, чтобы посрамить сильное; и незнатное мира и уничиженное, и ничего не значащее избрал Бог» (1 Кор 1:26-28).

---

[122] К. Каутский, *Происхождение христианства*, Москва, Политиздат, 1990, с. 304.

Другие исследователи той эпохи, соглашаясь с преимущественно «пролетарским» составом ранних общин, а также проникновением христианских идей и их проповедников ранее всего в низы той эпохи, уверены, что ни Иисус, ни апостолы не несли туда идеи социальных преобразований, как полагал марксист Каутский.

Так, Эрнст Трёльч (Ernst Troelsch), немецкий протестантский теолог и философ, полагает, что речь шла вовсе не о них, а о распространении новой веры, ее отрыве от иудейского Закона и привлечении к ней широких масс милосердием и благотворительностью[123]. Есть историки, утверждающие, что преобладание бедных и незнатных среди иудеохристиан отражает скорее демографическую структуру населения Иерусалима и Иудеи в трудные времена 1 века, чем сознательное стремление первых апостолов привлечь лишь бедных. Как свидетельствуют многие истории из Евангелий, состав первых общин был смешанным и состоял как из бедных, так и из богатых, хотя последних, конечно же, было меньше.

И все же «бедные и незнатные» принимали христианство скорее, чем богачи и знать. Среди последних в первые два столетия новой эры еще наблюдалось настороженное, а то и враждебное отношение к «коммунистическим» тенденциям ранних христиан, и лишь немногие из «мудрых, сильных и благородных» переходили к ним, расставаясь со своим богатством.

Именно бедная иудейская диаспора в различных местах огромной Римской империи, включая столичный Рим, в наибольшей степени способствовала распространению новой веры, передавая при этом традиции и опыт еврейской благотворительности христианским общинам. Когда же в эти общины вступали язычники, бедные – большим числом, богатые – меньшим, они могли привнести традиции и опыт греко-римской филантропии. Как отмечал Каутский еще в 1908 году, «все идеи, которые обык-

---

[123] См. Ernst Troelsch, *The social teaching of the Christian Churches*, 2 vol., New York, 1931.

новенно – в укор или в похвалу – приписываются исключительно христианству являются ... отчасти продуктом греко-римского развития, отчасти иудейского»[124].

***

В чем же состояло в это переходное время влияние иудаизма на идеи и формы ранней христианской благотворительности?

Из многих течений иудаизма, действовавших в Иудее 1 века н. э., больше всего известно о фарисеях и их интеллектуальных наследниках, чем о других школах еврейской религиозной мысли и созданных на их основе сектах. И причина тому известна. Основное течение раввинистического иудаизма, как оно развивалось мудрецами Мишны и Талмуда и их наследниками в последующие две тысячи лет, выросло из фарисейской традиции.

Между тем, раннее христианство, как считают современные исследователи, в наибольшей степени подверглось воздействию именно этих, «окраинных» школ и сект, о которых еще век тому назад было известно очень немного. Знания о них значительно пополнились после открытия в конце 19 века документов Каирской Генизы – хранилища синагоги 9 века, в котором были собраны сотни иудейских и иудеохристианских писаний, а также десятки тысяч их фрагментов, подлежавших ритуальному захоронению (священные книги и документы у евреев не уничтожают, а «хоронят», если в них упоминается имя Всевышнего). Именно здесь знаменитый гебраист Соломон Шехтер отыскал копии подлинного текста книги Бен-Сиры, позволившие восстановить его в полном объеме, не говоря уже о других открытиях, позволивших пролить свет на деятельность этих древних еврейских сект.

Особенно крупный вклад в эти познания принесло открытие после Второй мировой войны многочисленных свитков кумранских сектантских общин в пещерах вокруг Мертвого моря, относящихся ко 2–1 векам до н.э. О них,

---

[124] Каутский, упом. соч., с.306

как и о находках в Каирской Генизе, имеется огромная литература научного, популярного и даже детективного жанров[125].

Большинство историков христианства считает, что наибольшее воздействие на первых христиан оказали взгляды и практика иудейской секты ессеев, находившейся в оппозиции к двум ведущим течениям иудаизма того времени – фарисеям, чьи идеи усвоили талмудические мудрецы, и саддукеям – наследственной священнической элите.

По сведениям Иосифа Флавия, секта ессеев возникла около 150 года до н.э. и рассеялась, как и их противники саддукеи, после разрушения Храма и Иерусалима. Ессеи, как и другие мессианские секты иудаизма, идеализировали бедность, ставя бедных ближе к Богу, чем богатых, что, как известно, проповедовали задолго до них и ранние еврейские пророки. Ессейские следы можно отыскать, например, в следующих словах Иисуса, приведенных в Евангелии от Луки: «Блаженны нищие духом, ибо ваше есть Царствие Божие. Блаженны алчущие ныне, ибо насытитесь. Блаженны плачущие ныне, ибо воссмеетесь» (6:20-21).

Считают, что фигура Иоанна Крестителя весьма близка традициям ессеев по образу жизни и суровым разоблачениям «лицемерствующих» фарисеев, саддукеев и сильных мира сего. Будучи до 30 лет аскетом, он стал затем пророчествовать, проповедуя в «Пустыне Иудейской» приход мессии и совершая крещение в водах Иордана всех поверивших в него евреев, включая и самого Иисуса, который, как полагают, был его родственником.

Вот как описывает устройство современной ему общины ессеев Филон из Александрии, еврейский философ,

---

пытавшийся сочетать иудаизм Торы с греческой философией и оказавший значительное влияние на учения отцов церкви первых веков нашей эры.

«Они жили все вместе, объединенные в корпорации, этерии, братства, и все заняты были работами для общины. Никто из них не имеет собственного имущества, ни дома, ни раба, ни земли, ни стада, ничего вообще, что приносит богатство. Но, соединяя вместе все свое имущество без различия, они все пользуются им сообща. Деньги, которые они приобретают различными работами, они отдают выборному старшине. Этот принимает их и покупает на них все, что нужно, и выдает им обильную пищу и все, что необходимо для жизни»[126].

К. Каутский, цитируя этот текст Филона, отмечает, что общность владения собственностью и потребления были основой этого доведенного до крайности древнего коммунизма. Общей была и одежда, а в некоторых общинах ессеев практиковался и отказ от индивидуальной семьи, то есть общность жен, а то и полное безбрачие.

Филон описал и обычай благотворительности ессеев. «Хотя они во всех случаях обязаны просить разрешения у старшины, они имеют право вполне самостоятельно оказывать помощь всем нуждающимся (то есть еще по традиции индивидуальной еврейской благотворительности – *Ф.Ф.*). Когда этого требует какое-то несчастье, всякий может спешить на помощь нуждающимся и носить бедным пищу. Но друзьям своим и родным они не могут ничего дать без ведома старшины или управителя (у греков и римлян этот обычай, как считают, противоположен – прежде всего, друзьям и родственникам – *Ф.Ф.*)»[127].

Возможно, как утверждал Иосиф Флавий, на иудейскую секту ессеев оказали влияние аскетические идеи сект неопифагорейцев и терапевтов, относимых нередко к языческим и существовавших примерно тогда же в районе египетской Александрии. Он предполагает, что здесь на

---

[126] Цит. по К. Каутский, упом. соч., с. 289–90.
[127] Там же, с. 290.

стыке старой и новой эры эти идеи могли усвоить эллинизированные евреи диаспоры, чтобы затем перенести их в Палестину и Иерусалим.

Каутский в том сомневается, говоря, что неизвестно, кто у кого позаимствовал эти идеи — ессеи у терапевтов или наоборот. Вместе с тем, он проводит четкое различие между иудеями-ессеями и язычниками-терапевтами. Если терапевты жили в пустынных обителях в созерцательном бездействии, за счет подношений со стороны и чужого труда, то ессеи, даже если и усвоили какие-то их философские идеи, трудились настолько усердно и зарабатывали так много, что могли прокормить себя и помочь другим. «И те, и другие одинаково отрицали частную собственность, - продолжает Каутский, - но терапевты не знали, что им делать с благами мира сего. Труд был им также ненавистен, как и наслаждение..., они раздавали свое имущество друзьям и родным. Ессеи же трудились и нуждались для этого в орудиях производства: вот почему они не раздавали свое имущество, а складывали его для общего пользования»[128]. По его мнению, это различие отражает противоположность между палестинским иудейством и остальным культурным миром Римской империи в эпоху возникновения христианства. Тогда иудейская сверхактивность, готовность к борьбе и самопожертвованию, а также стремление к взаимопомощи вызывали и удивление, и враждебность окружающих народов к евреям — как в Иудее, так и в диаспоре.

Именно здесь — при массовом обнищании населения в последнем столетии старой эры — и возникла особая потребность в объединении и взаимопомощи. В традиционных еврейских общинах это были организованные формы благотворительности типа общинных столовых и фондов для бедных — своих, пришельцев и путников. В общинах ессеев, создававшихся не только в Иудее, но и в диаспоре, эта нужда выразилась в полном объединении имущества и в общих трапезах, о которых Каутский пишет, что они —

---

[128] Там же, с. 298.

«...последний остаток первоначального (то есть первобытного, племенного – *Ф.Ф.*) коммунизма и исходный пункт нового (то есть раннехристианского – *Ф.Ф.*) коммунизма».

Иудейское сплочение было особенно развито вне родной земли – ведь никто не находился так часто на чужбине или оставался без родины, как иудей вне Иудеи. Поэтому, продолжает Каутский, ссылаясь на Тацита, готовность иудеев, а в их числе и иудеохристиан, помогать друг другу бросалась в глаза так же сильно, как и их отчужденность от неиудеев. Видимо, они очень упорно держались за свои «коллегии» (ассоциации с правами юридического лица) с общими трапезами, ибо иначе трудно объяснить, почему Цезарь (100–44 гг. до н.э.), запретивший все новые религиозные и мистические коллегии, коих тогда существовало множество, разрешил именно иудейские.

Вот что по этому поводу писал немецкий протестантский теолог и историк середины 19 века Оскар Гольцман. «В то время, как Цезарь поставил в зависимость от разрешения сената основание самостоятельных корпораций с собственным имуществом, он без всяких колебаний допускал образование иудейских коллегий с общими трапезами и собственным имуществом. При господствовавшем тогда стремлении объединяться в союзы, которых государство опасалось и потому преследовало, это допущение иудейских религиозных коллегий приводило к тому, что многие язычники стремились вступить в число членов этих коллегий в качестве так называемых боящихся Бога»[129].

Еще более близкими иудейскими предшественниками ранних христиан многие считают кумранские мессианские общины. Жившие, начиная со 2 века до н.э., в монастырском уединении в горных пещерах на берегах Мертвого моря в ожидании конца света и прихода мессии, они были уничтожены или рассеяны римлянами после Великого восстания 70 года. Их свитки, сохранившиеся, благодаря засушливому климату региона, до наших дней

---

[129] См. К. Каутский, упом. соч., с. 299.

(найдены в 1947 г.), обнаруживают, по утверждению известного историка христианства А. Донини, поразительное сходство их религиозных идей и обрядов с образом жизни первых христианских общин Иерусалима.

У них были «...крестильное очищение в воде, публичное покаяние в грехах, раздача хлеба и вина в ходе причастительной трапезы, символизирующей мессианское царство. То же можно сказать и об их организационных формах: непримиримая обособленность от остального населения, добровольное принятие новой веры, не связанное ни с рождением, ни с социальным положением, возвеличение бедности, а также сельского и ремесленного труда, создание коллективной кассы для повседневных нужд...»[130].

***

Был ли «древний коммунизм» ессеев и кумранитов усвоен первыми христианами и в какой мере?

О том, что они практиковали некоторые формы примитивного коммунизма свидетельствуют, например, «Деяния апостолов» – анонимное сочинение второй половины 1 века, считающееся иногда продолжением Евангелия от Луки: «Все же верующие были вместе и имели всё общее. И продавали имения и всякую собственность, и разделяли всем, смотря по нужде каждого» (2:44-45).

И, хотя это и не было общей практикой, коммунистические тенденции иудейских сект укоренились в той или иной мере в идеологии западного христианства, неоднократно проявляясь затем на протяжении всей его истории в утопических религиозных движениях и вдохновляя социальные движения и бунты. Именно этим и можно объяснить столь пристальный интерес классиков марксизма к развитию и устройству ранних христианских общин, особенно ясно выразившийся в «Происхождении христианства» Каутского.

---

[130] Амброджо Донини, *У истоков христианства*, Москва, Политиздат, 1979, с. 39.

Однако разрозненные и часто противоречивые свидетельства новозаветной литературы не дают основания считать, что доведенный до крайности коммунизм ессеев и кумранитов (полная общность имущества и хозяйства, строжайшая дисциплина и замкнутость, практически исключавшие нужду в благотворительности, поскольку среди членов этих сект не было ни богатых, ни бедных) был полностью усвоен первыми христианами.

Иисус и его окружение, по мнению ряда историков, напрямую коммунизм не проповедовали. Флуссер и Лоувенберг, например, считают, что они, находясь в Иерусалиме, неизбежно восприняли и взгляды фарисеев – представителей одного из двух господствовавших тогда течений иудаизма, а с ними и компромиссный подход к собственности и богатству[131]. Этот подход, исключая крайности названных выше сект, требовал от богатых поделиться с бедными собственностью, принадлежащей от начала иудейскому Богу.

О том, что, Иисус был против крайностей коммунизма, так же, как и против полного разрыва с богатыми, свидетельствуют и Евангелия. Обличая неправедное богатство и его собственников, он не закрывал им путь к совершенству: «Иисус сказал ему: если хочешь быть совершенным, пойди, продай имение твое и раздай нищим; и будешь иметь сокровище на небесах; и приходи и следуй за Мною» (Мат. 19.21).

Но допуская богатых в общину, Иисус предупреждал об ожидающей их трудной судьбе: «Как трудно имеющим богатство войти в Царствие Божье! ибо удобнее верблюду пройти сквозь игольные уши, нежели богатому войти в Царствие Божье» (Лук.18.24-25).

И тем не менее, Иисус как бы убеждает своих последователей относиться к богатым по-дружески: «И Я говорю

---

[131] См.:

- David G. Flusser, *Judaism and the origins of Christianity*. Jerusalem, Magnes Press, 1988;

- Frank M. Loewenberg, *From charity to social justice: the emergence of communal institutions for the support of the poor in ancient Judaism*, New Brunswick, NJ, 2001.

вам: приобретайте себе друзей богатством неправедным, чтобы они, когда обнищаете, приняли вас в вечные обители» (Лук. 16.9).

Этот довольно загадочный стих обычно рассматривают как призыв к уверовавшим богачам поделиться с бедными, и по мнению Лоувенберга, призыв этот, скорее всего, был обращен к язычникам, для которых такой обычай был внове, а не к евреям, для которых в 1 веке это было уже нормой. Полагают, что в этом отрывке могла также отразиться оппозиция Иисуса и всего раннего христианства экономическому сепаратизму ессеев, не допускавшим к себе богатых прозелитов.

Требование поделиться с бедным, а не отречься полностью от богатства, чтобы в итоге самому стать бедным – эта, опирающаяся на заповеди Торы, правовая норма была зафиксирована еврейскими мудрецами еще в 1 в. до н.э. Но она же стала и моральной нормой раннего христианства. Этот компромиссный подход, по мнению Каутского, стал особенно необходим, когда в христианство стали обращаться образованные и богатые язычники, для которых древнехристианская «легенда о пожирании богатых» была неприемлема[132].

С этим, вероятно, связан более смягченный характер учения в Евангелии от Матвея, написанного, как считают, десятилетиями позже, чем непримиримое к богатству Евангелие от Луки. Еще более поздний апокриф «Учение 12 Апостолов» (Дидахе) убеждает верующих не отвергать нуждающихся, делиться со своими братьями, не считать приобретенное богатство своей собственностью.

Цитируя это место, Лоувенберг заключает, что это, уже чисто христианское поучение, основано, как и в иудаизме, на идее, что все богатство принадлежит Богу, и человек лишь его временный управитель[133].

---

[132] К. Каутский, упом. соч., с. 309.
[133] Loewenberg, упом. соч., с. 186.

***

Ритуал ранних иудеохристиан «вечеря любви» (*агапа*), то есть совместная трапеза верующих как выражение их братской любви друг к другу, был одним из способов ввести в норму обычай поделиться с ближним. Общая трапеза, устраиваемая в местах собраний верующих, давала им – и богатым, и бедным – возможность объединиться за общей едой и беседой.

В последующие столетия этот ритуал стал, как известно, столь популярным среди христиан, что был включен в состав церковной службы. У евреев древней Иудеи, однако, подобный обычай не существовал. У них было принято, как уже говорилось ранее, приглашать бедных в свои дома, а в более поздние времена, еду для бедных предоставляли общинные организации. И все же «еврейский след» находят также в обычае агапы[134].

У ранних христиан не было специальных зданий для религиозной службы, в том числе, и для совместной трапезы, и они, будучи в большинстве своем иудеями, нередко собирались в помещениях синагог. Когда они были оттуда изгнаны, им пришлось собираться в гостеприимных домах своих единоверцев-собратьев, и многие из этих домов стали впоследствии «домашними церквями». Это были, как правило, дома зажиточных или богатых людей, которые могли выделить не только помещение, но и еду для общей трапезы. Впоследствии эти богатые иудеохристиане стали чаще приглашать именно бедных собратьев, чтобы разделить с ними свою еду.

В этом они следовали тогдашней еврейской практике приглашать бедных к субботнему и праздничному столу. Еврейскую традицию домашнего гостеприимства ранние христиане продолжили и после появления специальных молитвенных домов, а о ее поддержании, уже как «вечери братской любви», им неоднократно напоминали евангелисты и отцы ранней церкви.

---

[134] Там же, с. 187.

Одним из главных нововведений иудеохристиан в сфере благотворительности было появление священников в качестве посредников между жертвователями и получателями. Между тем современная им иудейская практика предусматривала преимущественно прямой контакт между ними, если не считать столовых для бедных и общинного фонда помощи.[135]

Начиная с ранних христиан, бедные и богатые стали гораздо больше зависеть от служителей церкви, чем один от другого. Как сообщается в «Деяниях Апостолов» (6.1-6.3), сначала они сами распределяли продовольствие среди вдов и других бедных. Когда число верующих возросло и появились жалобы на «несправедливости», произошло разделение труда – верующими для этой работы были избраны семь диаконов, которые стали служителями церкви.

Этому обычаю не было прецедента в еврейской практике, поскольку здесь смотрители общинного фонда не относились к синагоге: они представляли общину и не были участниками иудейского религиозного ритуала.

В дальнейшем сбор и распределение пожертвований в церкви перешел непосредственно к епископам, и посредничество церкви стало непременным свойством христианской благотворительности. Вот как описывал позднее новый обычай один из отцов церкви Иоанн Златоуст (347–407 гг. н.э.). Богатые члены общины Иерусалима «...не осмеливались отдавать свои приношения прямо в руки бедным и не дарили их с высокомерным снисхождением. Нет, они все сложили к ногам апостолов и делали их господами и распределителями своих даров. И все, что нужно было брали из запасов общины, а не из частного имущества отдельных лиц...»[136].

Этот обычай распространился и на другие общины, где пожертвования складывались на церковный алтарь и становились как бы «собственностью Бога». И епископы, ко-

---

[135] Loewenberg, упом. соч., с. 188–189.
[136] Цит. по К. Каутский, упом. соч., с. 311.

торым потом стали помогать пресвитеры, или старейшины общины, решали, как с ними поступить. Подобная централизация помощи бедным не была известна в иудаизме той эпохи, но могла быть заимствована у таких иудейских сект, как ессеи или кумраниты.

Местный епископ, становясь единственным распорядителем благотворительного фонда, приобретал, таким образом, огромное влияние в своем приходе. Его называли «отцом бедных и несчастных», исполняющим милосердие Бога, а дом епископа становился местным домом призрения. Прямые пожертвования отдельных христиан нуждающимся еще продолжались, но вскоре их почти полностью вытеснили добровольные и обязательные приношения церкви, из которых составлялись церковные благотворительные фонды.

Так в отличие от еврейской благотворительности, организационно отделенной от религиозной службы, христианская благотворительность слилась с церковью, ее теологией и организацией.

***

Начиная этот обзор истории и традиций древнееврейской филантропии, автор указал на ее истоки в священных Книгах еврейской Библии. Немногие будут возражать против того, что основные идеи христианской, следовательно, и всей западной филантропии, опираются на те же Книги, правда, в составе их христианского канона, не всегда совпадающего с еврейским их текстом и его толкованием.

Как показано на всем протяжении настоящего обзора, еврейское влияние на христианскую благотворительность, включая ее современные институты, не ограничивается лишь использованием идей или цитированием заповедей еврейской Библии.

Если иметь ввиду, что христианская благотворительность и ее институты развивались, опираясь не только на Священное Писание, но и на организацию и учения ранней церкви, то именно в период становления последней эти институты подверглись влиянию не только идей, но и практики современной им еврейской благотворительности и филантропии.

Чтобы правильно понять то, что писали отцы ранней церкви о бедности и поддержке бедных, следует, по убеждению Фрэнка Лоувенберга, выяснять, что об этом думали и говорили еврейские мудрецы той же эпохи и как они реализовали свои идеи на практике[137].

---

[137] Loewenberg, упом. соч., с. 193.

Список литературы

Книги

На английском языке

1. Alon, Gedaliah, *Jews, Judaism and the classical world*, Jerusalem, 1977.
2. Finley, Moses I. *The Ancient Economy*, Berkley, Los Angeles, 1973.
3. Fiensy, David A., *The social history of Palestine in the Herodian period*, Mellen Press, 1991.
4. Frish, Ephraim, *An historical survey of Jewish Philanthropy*, New York, 1924.
5. Flusser, David G, *Judaism and the origins of Christianity*. Jerusalem, Magnes Press, 1988.
6. Grabbe, Lester L, *Judaism from Cyrus to Hadrian: The Persian and Greek Periods*, London, SMS Press, 1994.
7. Goetzmann, William N., *Financing Civilization*, forthcoming (глава 1 на сайте автора - http://viking.som.yale.edu/will/finciv/chapter1.htm).
8. Hamel, Gildas H., *Poverty and Charity in Roman Palestine, First Three Centuries C.E.*, Univ. of California Press, 1990.
9. Hengel, Martin, *Judaism and Hellenism: Studies in their encounter in Palestine during the early Hellenistic period*, 2 vol., Philadelphia, Fortress, 1973.
10. Hengel, Martin, *Acts and the history of earliest Christianity*, London, 1979.
11. Jacobs, Jill, *There Shall Be No Needy: Pursuing Social Justice through Jewish Law & Tradition*, Jewish Lights, 2009.
12. Johnson, Paul, *A History of the Jews*, New York, Harper & Row, 1987.

13. Karpf, Maurice J., *Jewish Social Service and its Impact upon Western Civilization* – в кн. The Hebrew Impact on Western Civilization, New York, 1951.

14. Constantelos, Demetrios, *Byzantine Philanthropy and Social Welfare*, New Roshel, NY, Caratzas Publishing, 1991, rev. ed.,

15. Loewenberg, Frank M., *From charity to social justice: the emergence of communal institutions for the support of the poor in ancient Judaism*, Transaction Publishers, New Brunswick, NJ, 2001.

16. Rostovzeff, Mikhail I., *The social and economic history of the Roman Empire*, Oxford, 1953, v. 2.

17. Troelsch, Ernst, *The social teaching of the Christian Churches*, 2 vol., New York, 1931.

18. Telushkin, Joseph, *A Code of Jewish Ethics*, v. 2 – «Love your neighbor as yourself», Random House, 2009.

19. Uhlhorn, Gerhard, *Christian charity in the ancient church*, Edinburgh, 1883.

20. Vermes, Geza, *The Religion of Jesus the Jew*, Fortress Press, Minneapolis, 1993.

21. Weinfeld, Moshe, *Social Justice in Ancient Israel and in the Ancient Near East*, Minneapolis: Fortress, Jerusalem: Magnes Press, 1995.

22. Zion, Noam, *Jewish Giving in Comparative Perspectives: History and Story, Law and Theology, Anthropology and Psychology* – in three volumes, Zion Holiday Publications, 2013.

23. Zion, Noam, *Paul's Charity versus Maimonides's Tzedakah: Loving Giver or Dutiful Donor?* – Chapter 6 from v. 3
http://www.haggadahsrus.com/PDF/Tzedakah.v3.ch06.pdf

На русском языке

1. Азимов, Айзек, *Путеводитель по Библии. Ветхий Завет*, М., Центрполиграф, 2005.

2. Амусин, Иосиф, *Кумранская община*, М., Наука, 1983.

3. Амусин, Иосиф, *Рукописи Мертвого моря*, М., 1960.

4. Барац, Арье *Теология дополнительности. Принципы и перспективы иудео-христианского диалога.* Минск, "Мет", 2008.

5. Бикерман, Элиас Дж., *Евреи в эпоху эллинизма*, М., Мосты культуры, 2000.

6. Ганцфрид, Шломо, *Кицур Шулхан Арух, Краткий свод законов еврейского образа жизни*, перевод Йегуды Векслера, 1864, глава 33 «Цдака». http://www.e-reading.ws/chapter.php/13401/37/Gancfrid__Kicur_Shulhan_Aruh.html

7. Гесиод, *Труды и дни*, Полное собрание текстов, М., Лабиринт, 2001.

8. Гусейнов А.А., Апресян Р.Т., *Этика*, М., Гардарики, 2004.

9. Дойель, Лео, *Завещанное временем. Поиски памятников письменности*, М., Наука, 1980.

10. Донини, Амброджо, *У истоков христианства*, М., Политиздат, 1979.

11. *История еврейского народа*, под ред. Ш. Эттингера, Иерусалим–Москва, Гешарим–Мосты культуры, 2002.

12. Каутский, Карл, *Происхождение христианства*, М., Политиздат, 1990.

13. Мень, Александр, *История религии*, т. 6, Изд. Слово, 1993, гл. 16.

14. Мосс, Марсель, *Очерк о даре. Форма и основание обмена в архаических обществах* – в сборнике Мосс М. «Общества. Обмен. Личность», М., Вост. лит., 1996.

15. Тацит, Корнелий, *Сочинения в двух томах*, т. 2 – История, Научно-изд. центр Ладомир, М., 1993.

16. Шиффман, Лоуренс, *От текста к традиции. История иудаизма в эпоху Второго Храма и период*

Мишны и Талмуда, пер. с англ., М., Мосты культуры, 2002.

17. Шураки, Андре, *Повседневная жизнь людей Библии*, М., Молодая гвардия, 2004.

18. Чериковер, Виктор, *Эллинистическая цивилизация и евреи*, пер. с англ., СПб, ИЦ Гуманитарная Академия, 2010.

Статьи

1. Апресян, Рубен, *Дилеммы благотворительности*, Общественные науки и современность, М., 1997, №6.

2. Шейндл Кроль, *Миф о благотворительности*. http://www.jewish.ru/tradition/actual/outlook/2013 /03/news994315931.php

3. *Jewish Practices & Rituals: Charity* (Tzedakah). http://www.jewishvirtuallibrary.org/jsource/Judais m/Tzedakahtoc.html

4. Арье Барац, *Иго свободы*. Недельный комментарий к Торе, Книга Ваикра (Левит) – на сайте еврейского культурно-религиозного центра МАХАНАИМ. http://www.machanaim.org/tanach/_weekly/ba_bh ar.htm

5. Безгубенко А.А., *Категории зависимого населения в исторической концепции М. Финли*, Исторический ежегодник, сб. науч. статей, Омский гос. ун-т, Омск, 2000.

6. Деметриос Константелос, *Истоки христианской православной диаконии: христианская православная благотворительность в церковной истории*. http://www.rondtb.msk.ru/info/ru/Constantelos_ru. htm

7. Жан Даниелу, *Новый взгляд на христианские истоки*, Журнал «Символ», 1983, №9, 33–45. http://blend.org.ua

8. Клаус Венгст, *Когда возникло христианство? –* перевод с немецкого Ю. Табака http://www.jcrelations.net/.2857.0.html?&L=7

9. Гарет Ллойд Джонс, *Обличительные слова: новозаветные тексты, затрудняющие иудео-христианский диалог*, пер. с англ., С.-Петербург, Герменевт, 1997. http://www.jcrelations.net/.2834.0.html?L=7

10. Boyarin, Daniel, *Martyrdom and the Making of Christianity and Judaism*, Journal of Early Christian Studies, Vol. 6, № 4, 1998, pp. 577–627. http://nes.berkeley.edu/Web_Boyarin/BoyarinArticl es/95%20Martyrdom%20and%20the%20making%2 0of...%20(1998).pdf

Энциклопедии, справочники, интернет-порталы

1. *Dictionary of the History of Ideas*, Ed. by Philip P. Wiener, Charles Scribner's Sons, New York, 1973-74 http://onlinebooks.library.upenn.edu/web-bin/book/lookupid?key=olbp31715

2. *Электронная еврейская энциклопедия (ЭЕЭ)*– интернет-версия Краткой Еврейской Энциклопедии на русском языке (КЕЭ) в 11 томах, Иерусалим, 1976–2005. http://www.eleven.co.il/

3. *Еврейская Энциклопедия Брокгауза и Эфрона*, 1908–1913. http://brockhaus-efron-jewish-encyclopedia.ru/

4. *International Standard Bible Encyclopedia Online.* http://www.internationalstandardbible.com/

5. *Библия Онлайн*, русский синодальный перевод. http://bibleonline.ru/bible/rus/

6. *Библия* – в интернет-библиотеке Якова Кротова. http://krotov.info/library/02_b/bible/_biblia.htm

7. *Википедия* – материалы по древней, античной и еврейской истории и библеистике.

8. ***ЕЖеВИКа*** - «Еврейская **Ж**ивая **Вик**и-энциклопедия».
http://ejwiki.org

Хронология главных периодов и событий древнееврейской истории[138]

Все даты примерные

До н.э.

2000-1500	Эра патриархов: Авраам, Исаак и Иаков
1250	Завоевание Ханаана: Иисус Навин
1200-1028	Эра Судей: Дебора и другие
1028-1013	Царь Саул
1013-973	Царь Давид; Иерусалим становится столицей царства
973-933	Царь Соломон. Освящение построенного Первого Храма
722	Падение Самарии, изгнание 10 колен и конец царства Израиля
715-609	Эра пророков: Исаия, Михей, Иеремия
586	Разрушение Первого Храма Вавилонией
586-538	Вавилонское пленение
538-536	1-е возвращение в Иудею во главе с Зоровавелем при Кире II
536-333	Персидское правление Иудеей
516	Освящение восстановленного Второго Храма
458	Второе возвращение евреев в Иудею во главе с Ездрой при Дарии II
333-151	Эллинистическая эра: Александр Македонский, Селевкиды и Птолемеи

---

[138] См. Frank M. Loewenberg, *From charity to social justice: the emergence of communal institutions for the support of the poor in ancient Judaism*, New Brunswick, NJ, 2001, p. 78 (перевод мой – *Ф.Ф.*)

168-165	Восстание Маккавеев против Селевкидской Сирии
165	Новое освящение Иерусалимского Храма
165-63	Хасмонейское царство
63-325 н.э.	Римское правление Иудеей
39-4	Царствование Ирода I

Н.э.

30	Завершение Иродовой реконструкции Второго Храма
67-70	Великое Восстание против римского правления
70	Разрушение римлянами Второго Храма и Иерусалима
112-135	Восстание Бар-Кохбы
135	Окончательное разрушение римлянами Иерусалима
200	Завершение редакции Мишны – письменной записи Устной Торы
325-622	Правление Византии
450	Завершение редакции Вавилонского Талмуда
600	Завершение редакции Палестинского Талмуда

Summary

A short version of Preface

This historical outline of ancient Jewish philanthropy was written several years ago, as the author was working on a book about American philanthropy[139] and was trying to understand its social and religious origins.

After significant edits and revisions, this text is published in the form of a popular overview of the evolution of social ethics and philanthropic practices in ancient Judaism, and of the impact they had on the charity of Judeo-Christians and the early Christians.

The author, not being an expert in this full of debate area, draws on the works of the leading researchers that were published (in English and Russian) during the last century, and often had very different, even opposite, views on the topic.

References to these works are included in footnotes. A full list of English and Russian source literature is available at the end of the book.

The book of Israeli-American sociologist and historian Frank Loewenberg on the ethics and practice of social assistance in the ancient Judaism[140] takes a special place among the main sources. In this breakthrough work, the author carries out a painstaking study of the Hebrew Bible and

---

[139] Fridrikh Furman, *On Philanthropy in America: From the Colonial Era to the Present Day* (in Russian), CreateSpace, New York, 2013.
http://www.amazon.com/On-Philanthropy-America-Colonial-Contents/dp/1492195308

[140] Frank M. Loewenberg, *From Charity to Social Justice: The Emergence of Communal Institutions for the Support of the Poor in Ancient Judaism*, Transaction Publishers, New Brunswick NJ, 2001

the Talmud, relates historical documents and research literature, and summarizes prior research on this topic. Building on
this foundation, he traces the evolution of the ancient Jewish
philanthropy for one and a half thousand years, from the era
of the kings David and Solomon (10th century BC), to the com-
pletion of Talmud (5th century AD), and its influence on early
Christian charity.

In the present popular outline of ancient Jewish philanthropy, the author relies primarily on Loewenberg's work, as
well as on other special works and general historical references
covering various aspects of the topic.

This educational book may be useful to Russian speaking
personnel of secular and religious charities, as well as to teach-
ers and students working on the subject, particularly in the
system of Jewish education.

The book may also interest researchers who study the con-
cepts of social assistance and the practice of philanthropy in
different religions.

The book may attract a broader class of readers. Among
them are those who are interested not only in the philanthropy
of Jews in the Biblical and Talmudic period, but also in the ex-
citing history of these fifteen hundred years. On the other
hand, those who, like the author, are halfway between the historical and religious view of the world, and are wondering if it
is possible to combine these views, while being on the side of
history.

The author is responsible for all errors and inaccuracies,
and will appreciate comments and suggestions, which may be
sent to *fridrikhfurman@gmail.com.*

The English table of contents for the present book follows.

Table of Contents

Фридрих Фурман

Филантропия древних евреев

(в авторской редакции)

Корректура

Елена Святская

Компьютерная поддержка, дизайн и верстка

Дмитрий Фурман

Александр Бейгельман

Дизайн обложки

Екатерина Фурман

Формат – 5х8. Печ. л. – 15,5. Гарнитура - *Georgia*.

Отпечатано в США

Типография CreateSpace компании Amazon.com